Informatik aktuell

Herausgeber: W. Brauer
im Auftrag der Gesellschaft für Informatik (GI)

Springer
Berlin
Heidelberg
New York
Barcelona
Hongkong
London
Mailand
Paris
Singapur
Tokio

Peter Holleczek (Hrsg.)

PEARL 2000

Echtzeitbetriebssysteme und LINUX

Workshop über Realzeitsysteme

Fachtagung der GI-Fachgruppe 4.4.2
Echtzeitprogrammierung, PEARL
Boppard, 23./24. November 2000

Herausgeber

Peter Holleczek
Regionales Rechenzentrum
der Universität Erlangen-Nürnberg
Martensstraße 1, 91058 Erlangen
holleczek@rrze.uni-erlangen.de

Programmkomitee

R. Arlt	Hannover
W. Gerth	Hannover
W. A. Halang	Hagen
H. Kaltenhäuser	Hamburg
K. Mangold	Konstanz
R. Müller	Leipzig
H. Rzehak	München
G. Thiele	Bremen
B. Vogel	Detmold
H. Windauer	Lüneburg

Die Deutsche Bibliothek - CIP-Einheitsaufnahme

Echtzeitbetriebssysteme und LINUX : Fachtagung der GI-Fachgruppe 4.4.2 Echtzeitprogrammierung, PEARL, Boppard, 23./24. November 2000 / PEARL 2000, Workshop über Realzeitsysteme. Peter Holleczek (Hrsg.). – Berlin ; Heidelberg ; New York ; Barcelona ; Hongkong ; London ; Mailand ; Paris ; Singapur ; Tokio : Springer, 2000
(Informatik aktuell)
ISBN-13: 978-3-540-41210-6

CR Subject Classification (2000): C.3, C.4, D.2, D.4

ISBN-13:978-3-540-41210-6 e-ISBN-13: 978-3-540-41210-6
DOI: 10.1007/978-3-642-59575-2

Springer-Verlag Berlin Heidelberg New York

Springer-Verlag Berlin Heidelberg New York
ein Unternehmen der BertelsmannSpringer Science+Business Media GmbH

Softcover reprint of the hardcover 1st edition 2000

Satz: Reproduktionsfertige Vorlage vom Autor/Herausgeber
Druck- u. Bindearbeiten: Weihert-Druck GmbH, Darmstadt
Gedruckt auf säurefreiem Papier SPIN: 10721543 33/3142-543210

Vorwort

Als kürzlich gegen einen bekannten US-amerikanischen Softwarehersteller wegen Ausnutzung seiner marktbeherrschenden Stellung vor Gericht verhandelt wurde, sahen schon viele als Gegenbewegung das Betriebssystem LINUX im Aufwind. Ein vor Jahren noch undenkbarer Zusammenhang.

Während die Vorfahren von LINUX, die UNIX-Familie, ihr Einsatzfeld hauptsächlich im Bereich von professionell betreuten Groß-Systemen hatten, konnte sich LINUX davon emanzipieren. Die Verteilung des an sich public-domain verfügbaren Systems durch kostengünstige Distributionen hat sicherlich dazu beigetragen, daß LINUX mit Macht in die Breite drängt und auch vor dem Heim-Markt nicht Halt macht. Kein Wunder, dass LINUX auch in professionellen Anwendungen Eingang findet. Aber LINUX und Echtzeit? War die Fragestellung UNIX und Echtzeit schon früher ein Thema ohne durchschlagende Lösung, trifft das dann nicht auch für LINUX zu?

Dabei hätte eine Eignung von LINUX für diesen Aufgabenbereich durchaus Vorteile. Zur Erbschaft von LINUX gehört ja schließlich die Qualität der inneren Architektur. Hinzu kommt die Zugänglichkeit von Schnittstellen und, last but not least, das aufgrund der weiten Verbreitung inzwischen vorhandene große Erfahrungspotential. Vielleicht sind ja auch die Kinder schlauer als ihre Eltern ...
Es macht also Sinn, sich mit der Eignung von LINUX für Echtzeit-Aufgaben auseinanderzusetzen.

Die Resonanz auf das Leitthema war immerhin erfreulich. Zwei Sitzungen sind darauf ausgerichtet. Thema der einen Sitzung ist natürlich die Echtzeit-Eignung. Dieser Frage wird zunächst in einem Grundsatz-Beitrag nachgegangen. Besondere Aufmerksamkeit erfahren die Anwendungen im Kommunikations-bereich (Einsatzfeld Router, Datenübertragung). Echtzeittechnisch anspruchs-voller geht es bei den ‚Embedded Systems' zu. In dieser Sitzung erwarten uns gleich zwei Erfahrungberichte. Ergänzt werden sie durch Untersuchungen zur Zusammenarbeit mit digitalen Signalprozessoren.

Vervollständigt wird der LINUX-Schwerpunkt durch traditionelle Themen aus der Echtzeitprogrammierung.

In der dem Thema Echtzeit-Betriebssysteme gewidmeten Sitzung geht es um Methoden zur Messung der Reaktivität von Betriebssystemen, um den Betriebssystem-Standard OSEK/DVX und um Open Source-Betriebssysteme.

Beim Thema Anwendungen beschäftigt sich der Workshop ‚im großen' mit Experimenten auf dem Forschungsschiff Sonne, ‚im kleinen' mit der Multimedia-Home-Plattform für den Digitalen Rundfunk.

Im Rahmen der Entwicklung von Programmen wird eine Methode vorgestellt, die Entwurfsphase durch eine Synthese aus UML und PASS zu unterstützen. Vorgestellt werden auch ein WWW-basierendes Service-Konzept und die Entwicklung eines Produkts, dem man die Echtzeiteigenschaft aufs erste nicht ansieht: der Set-Top-Box für den Digitalen Rundfunk.

Tradition ist auch, dass die Proceedings beim Springer-Verlag erscheinen, und die Unterstützung durch eine Reihe von Firmen, wie ATM, ATR, GPP und Werum. Alles zusammen macht es der Fachgruppe möglich, die beim Workshop vorgetragenen Beiträge auch in anspruchsvoller Form zu präsentieren.

Dafür möchte sich die Fachgruppe hier explizit bedanken.

Mit der Zuversicht, dass das Programmkomitee im Spannungsfeld zwischen Innovation und Tradition eine ausgewogene Auswahl zwischen den Beiträgen getroffen hat, wünsche ich dem Workshop viel Erfolg.

Peter Holleczek   Erlangen, September 2000

Inhaltsverzeichnis

Echtzeit und LINUX

Konzeption von Echtzeitbetriebssystemen

Anwendungen

System-Entwicklung

Embedded LINUX

Die Eignung von Linux für zeitkritische Anwendungen

Helmut Rzehak , Arnd Heursch

Universität der Bundeswehr München
Werner-Heisenberg-Weg 39
D-85577 Neubiberg
[1]e-mail: rz@informatik.unibw-muenchen.de

Zusammenfassung: *Zeitkritische Anwendungen erfordern die Reproduzierbarkeit des Zeitablaufs bei der Programmausführung innerhalb eines vorgegebenen Toleranzrahmens. Dies impliziert bestimmte Anforderungen an das Betriebssystem, denen Standardbetriebssysteme nicht genügen müssen, da diese nach anderen Kriterien optimiert sind. Verfügt ein Standardbetriebssystem über gewisse Minimalvoraussetungen - u.a. gehört hierzu die Prozessverwaltung gemäß einem asynchronen, preemptiven Prozessmodell - so kann in Anbetracht der heute verfügbaren Prozessorleistungen für Anwendungen mit nicht zu engem Toleranzrahmen eine suboptimale Lösung mit einem Standardbetriebssystem in Erwägung gezogen werden. Man erschließt sich dabei die Möglichkeit zur Benutzung verfügbarer Anwendungssoftware für dieses Betriebssystem. Linux gehört zu dieser Klasse von Standardbetriebssystemen, vor allem, wenn der Anwender gewisse Vorkehrungen beim Entwurf trifft, die nachfolgend im einzelnen analysiert werden.*

1 Problembereiche

Linux erfüllt gewisse Minimalvoraussetzungen für die Verwendung in zeitkritischen Anwendungen [1], wobei vor dem Einsatz abhängig von den gestellten Zeitforderungen für einige Problembereiche befriedigende Lösungen gefunden werden müssen. Im einzelnen sind dies:

- Der Standard- Scheduler verwaltet interne Prioritäten selbständig und ist für zeitkritische Anwendungen nicht geeignet. Es besteht jedoch die Möglichkeit, einen verfügbaren alternativen Scheduler zu verwenden, der 99 Prioritätsstufen kennt.
- Die Auflösung der Systemuhr beträgt standardmäßig 10 Millisekunden und ist damit vielfach nicht ausreichend.
- Interrupts werden vom System zu lange ausgesperrt.
- Ein Thread- Konzept, mit dem die Interrupt- Latenzzeiten gegebenenfalls verkürzt werden können, steht erst ab Kernel 2.2 zur Verfügung

- Die Funktionen des Systemkerns sind grundsätzlich nicht unterbrechbar. Ab Kernel 2.2 sind sie teilweise neu strukturiert, wodurch die Kontextwechsel nicht mehr so lange ausgesperrt werden. Durch die Verarbeitungsgeschwindigkeit moderner Prozessoren sind die Ausführungszeiten der Systemfunktionen stark gesunken, so dass die Latenzzeiten für verschiedene Anwendungen tolerierbar sind. Insgesamt besteht hier noch Bedarf für weitere Untersuchungen.
- Bedingt durch die frei verfügbaren Programmquellen wird an einer Reihe von Linux- Derivaten für zeitkritische Anwendungen gearbeitet. Durch teilweise Verwendung von eigenen API oder durch die gewählten Architekturmerkmale wird die Verwendung von Standardsoftware bzw. das Zusammenwirken von Standardsoftware mit zeitkritischen Aufgaben in einem System erschwert oder gänzlich unmöglich. Die Entwicklung ist noch stark im Fluss.

Aus dieser Zusammenstellung ist ersichtlich, dass mit der Kernel- Version 2.2 verschiedene Verbesserungen eingeführt wurden, die sich günstig auf zeitkritische Anwendungen auswirken. Zur Behebung von bestehenden Probleme bieten darüber hinaus die aktuellen Distributionen verschiedene Möglichkeiten an, die sich hinsichtlich des Aufwands für den Anwender und hinsichtlich der Wirksamkeit unterscheiden.

2 Zeitkritische Anwendungen ohne Eingriffe in Linux

Linux ist grundsätzlich POSIX- konform. Die Echtzeit- Erweiterungen sind jedoch bisher noch nicht vollständig implementiert worden. Hier bestehen Unterschiede zwischen den Kernel- Versionen 2.0 und 2.2, sowie den Versionen der verwendeten Systembibliothek. Soweit nichts anderes vermerkt ist, beziehen sich die nachfolgenden Ausführungen auf die aktuelle Kernel- Version 2.2 und die glibc 2.1.

2.1 Alternativer Scheduler

Wie bei allen UNIX- Systemen verwendet der Standard- Scheduler interne Prioritäten, die zur optimalen Ressourcen- Auslastung gesetzt werden. Der Anwender hat hierauf keinen direkten Einfluss. Es werden jedoch zwei alternative Scheduler (SCHED_FIFO; SCHED_RR), angeboten, die eine Vorgabe von Prioritäten (0;...;99) durch den Anwender vorsehen. Wenn eine Priorität nicht mehrfach vergeben wird, verhalten sich beide Scheduler gleich. Prozesse (bzw. Threads), die durch diese alternativen Scheduler bedient werden, haben Priorität gegenüber Prozessen mit dem Standard- Scheduler. Das Scheduling- Verfahren wird auf Kind- Prozesse vererbt.

Die alternativen Scheduler erfüllen grundsätzlich die Bedingungen für die Verwendung in zeitkritischen Anwendungen.

2.2 Feinere Zeitauflösung

Die Standardauflösung der Systemuhr beträgt 10 ms (1 ms in der Version für SUN Sparc und DEC- Alpha). Dies ist nicht immer ausreichend. Prinzipiell kann man das interne Zeitinkrement verkleinern, was jedoch keine Auswirkungen auf die vom System zur Verfügung gestellten Timer hat. Hierdurch wird zusätzliche Prozessorleistung gebunden, und man kann die kumulierten internen Zeitinkremente (Variable *jiffies*) abfragen. Bekannte Echtzeit- Erweiterungen von Linux nehmen Veränderungen an der Zeitbasis vor. [2]

Ohne Eingriffe in den Betriebssystemkern kann man über zusätzliche Hardware- Timer und entsprechende Treiber genauere Zeitvermaßungen vornehmen. Zu beachten sind dabei die zusätzliche Prozessorbelastung und das Erhöhen der Latenzzeiten durch häufig aufgerufene Interrupt- Service- Routinen.

2.3 Verwenden von Threads

Ab der Kernel- Version 2.2 steht in Linux auch ein Thread- Konzept zur Verfügung, das ein "One-to-One" Implementierungsmodell (vgl. Bild 1) verwendet. Dabei behandelt der Scheduler jeden Thread als ein eigenes Objekt, d.h. wie vorher einen Prozess.

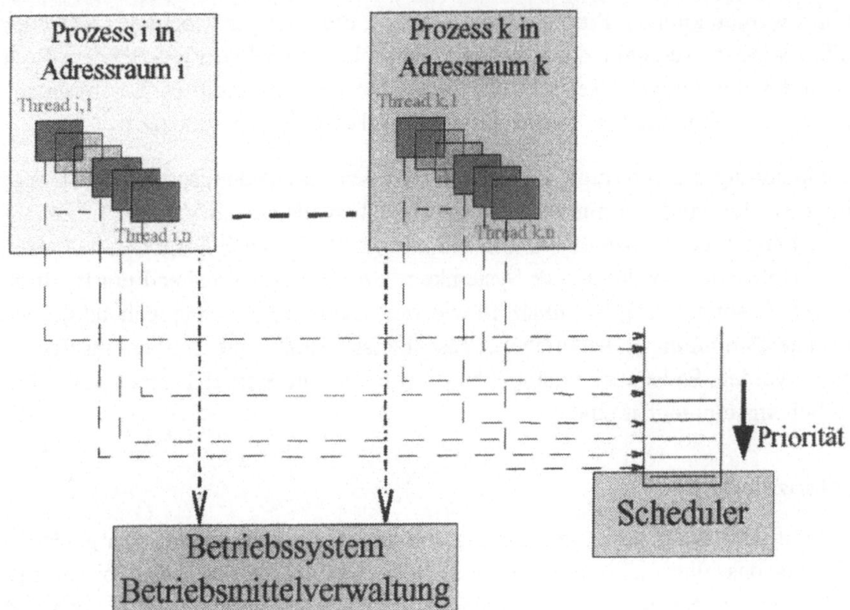

Bild 1 Thread- Implementierungsmodell in Linux

Dies ergibt eine robuste Implementierung ohne mehrstufiges Scheduling und ist den Anforderungen in der Echtzeitdatenverarbeitung gut angepasst. Ein PEARL- Compiler z.B. kann jede PEARL- Task auf einen separaten Thread innerhalb des Prozesses "PEARL- Welt" abbilden. Eine entsprechende Umarbeitung des PEARL- Compilers für Linux der Firma Werum wird derzeit an der UniBw München durchgeführt.

Die Verwendung von Threads bietet den Vorteil von geringerem Zeitbedarf für den Kontextwechsel zwischen Threads des gleichen Prozesses, u.a. weil der Adressraum nicht verlassen wird. Dabei wird der Zuordnungsspeicher für die Adresstransformation im Prozessor (Translation Lookaside Buffer) nicht invalidiert und braucht damit nicht bei jedem Kontextwechsel neu aufgebaut werden. Ebenso lassen sich globale Variablen für diese Threads leicht implementieren.

2.4 Kürzere Interruptsperren

Die Interrupt- Service- Routinen sind für zeitkritische Anwendungen vielfach zu lang. Dies betrifft nicht nur den Systemkern, sondern auch die Gerätetreiber. Die Dauer der Interruptsperre wird dadurch reduziert, dass man eine Interrupt- Service- Routine in zwei Teile zerlegt: Der obere Teil (Top Half) wird unter Interruptsperre ausgeführt, während bei der Ausführung des unteren Teils (Bottom Half) weitere Interrupts zugelassen sind. Dies bewirkt, dass beim Ausführen des Bottom Half dringlichere Interrupts ausgeführt werden können. Prozesse bzw. Threads, die unter der Regie des Schedulers ausgeführt werden, können jedoch erst nach Abschluss aller Interrupt- Service- Routinen (auch der Bottom Half- Teile) weiter bearbeitet werden. Interrupt- Latenzzeiten in den Anwendungsprogrammen werden durch diese Technik nicht reduziert.

Eine Reduzierung der Interrupt- Latenzzeiten in den Anwendungsprogrammen ergibt sich durch Auslagerung von Funktionen in Kernel Threads, die ab Version 2.2 zur Verfügung stehen. Um diese Möglichkeiten voll zu nutzen sind auch Eingriffe in die Gerätetreiber erforderlich. Während der Systemkern zum Teil entsprechend umstrukturiert wurde (vgl. Abschnitt 2.5), ist unklar, in wie weit Gerätetreiber entsprechend geändert wurden. Die Vermutung ist naheliegend, dass in erster Linie neue Treiber entsprechend konzipiert werden. Es ist auch noch unklar, in wie weit die Kernel Threads in das Prioritäten- Schema einbindbar sind.

2.5 Latenzzeiten

Die Systemfunktionen sind in Linux grundsätzlich nicht unterbrechbar. Der gelegentliche Hinweis, dass dies nicht mehr für die Kernel- Version 2.2 gilt, konnte bisher nicht nachvollzogen werden, weder durch eine Durchsicht der Programmquellen, noch durch Messungen. Es wurde dagegen festgestellt, dass einige lange Kernel- Funktionen in mehrere kürzere aufgebrochen wurden. Dadurch werden Kontextwechsel ebenfalls nicht mehr so lang ausgesperrt, und es entsteht ein ähnlicher Effekt, wie wenn man in den Funktionen selbst Unterbrechbarkeitspunkte eingerichtet hätte. Dies führt zu einer deutlichen Verbesserung der PDLT (Process Dispatch Latency Time). Dies ist die Zeit vom Eintreffen eines Ereignisses (Interrupt) bis zur Ausführung der ersten Anweisung der zugeordneten anwendungsspezifischen Sekundärreaktion. In Bild 2 sind Messergebnisse exemplarisch gegenübergestellt. Einzelheiten zur Definition der Latenzzeiten und zum Messverfahren sind z.B. in [*3,4,5,6*] enthalten.

Die PDLT wird dadurch wesentlich beeinflusst, dass der notwendige Kontextwechsel zum Einleiten der Sekundärreaktion zurückgestellt werden muss, wenn beim Eintreffen des Interrupts eine Kernel- Funktion ausgeführt wird. Dies ist notwendig, um zu gewährleisten, dass diese (nicht wiedereintrittsfeste) Funktion nicht nach dem Kontextwechsel erneut aufgerufen wird. Bei den Messungen wird ein Ablauf konstruiert, bei dem diese Situation eintritt. Dazu wird ein auf der Abszisse dargestellter Testablauf (Ausführen der Kernel- Funktion "access") in äquidistanten eng beieinander liegenden Zeitpunkten durch Interrupts unterbrochen und als Sekundärreaktion die unterbrochene Funktion erneut ausgeführt. Dabei wird die PDLT gemessen.

Die Messungen zu Linux 2.0 wurden aus [7] entnommen, wobei ein System mit einem Intel 486- Prozessor mit 66 MHz verwendet wurde. Die Messungen zu Linux 2.2 sind bisher unveröffentlicht und wurden auf einem System mit einem Intel Pentium II mit 267 MHz durchgeführt. Um die Ergebnisse hinsichtlich des Betriebssystems vergleichen zu können, wurden verschiedene veröffentlichte SpecMarks der Prozessoren [8] ausgewertet. Daraus konnte das Geschwindigkeitsverhältnis der Prozessoren (ohne Berücksichtigung der für das Betriebssystem nicht relevanten Gleitpunkt- Arithmetik) mit guter Genauigkeit abgeschätzt werden. Es ergab sich ein *speedup = 10,5*. Der Zeitmaßstab ist daher im unteren Teil von Bild 2 um diesen Faktor gedehnt. Die untersuchte Funktion wird etwa auch um diesen Faktor schneller ausgeführt. Dies kann man nicht verallgemeinern, da Messungen an anderen Funktionen zeigen, dass diese nur um den Faktor 7 ... 10 schneller ausgeführt werden. Offensichtlich wird ein Teil des Prozessor- Speedup durch notwendige Kode- Erweiterungen kompensiert.

In Bild 2a) ist der typische rampenartige Verlauf der PDLT für nicht wiedereintrittsfeste Funktionen deutlich zu erkennen: Die PDLT erhöht sich um die Restlaufzeit der begonnen Funktion, da der Kontextwechsel um diese Zeit verschoben wird. Die nachfolgende starke plateauartige Erhöhung ist durch den Scheduler verursacht, der danach aufgerufen wird, und nicht rekursiv ausführbar ist.

Vergleicht man hierzu Bild 2b), so ist der rampenartige Verlauf der PDLT ebenfalls noch zu erkennen. Die nachfolgende starke plateauartige Erhöhung ist verschwunden; der Scheduler ist offensichtlich neu strukturiert. Die gemessenen relativ hohen kurzen Spitzen konnten bisher noch nicht aufgeklärt werden; hierzu sind weitere Experimente erforderlich.

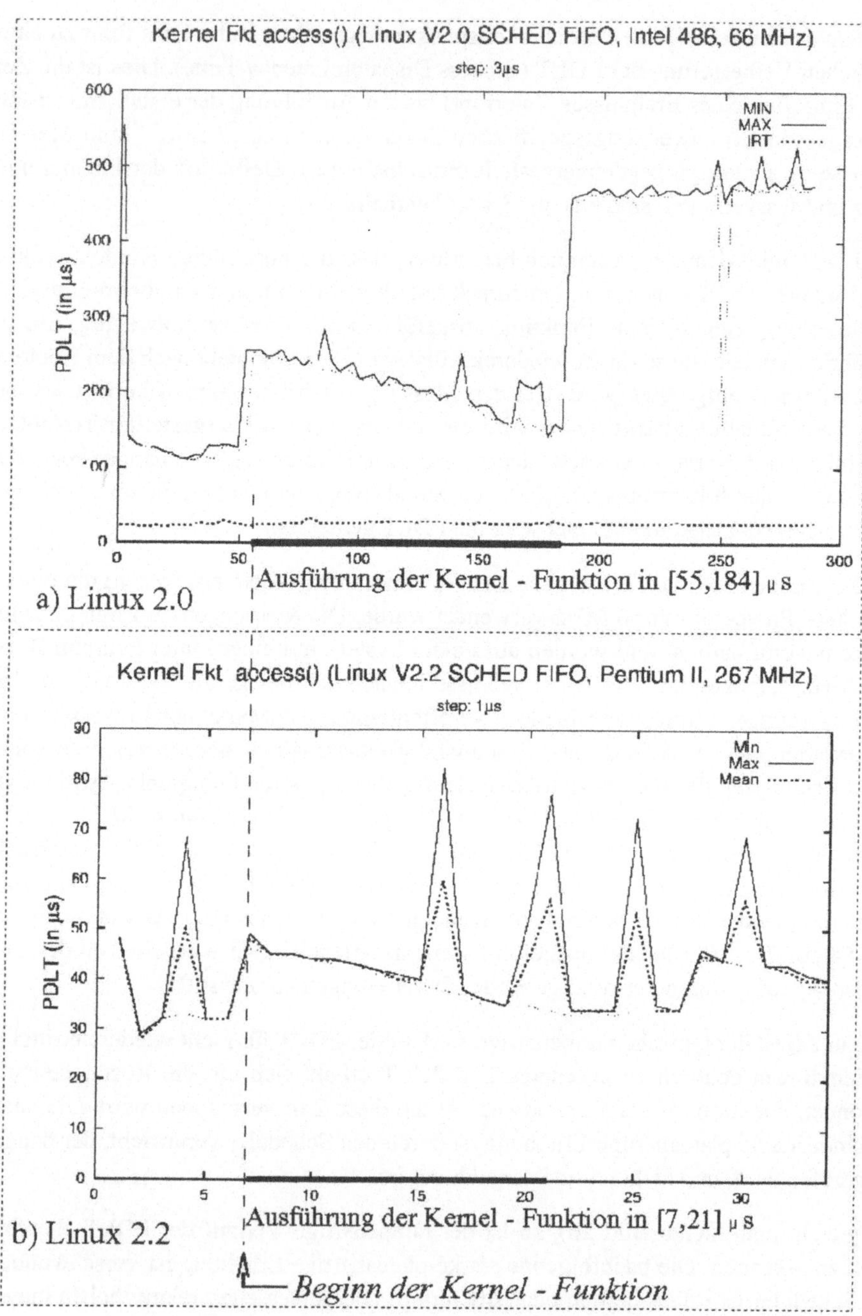

Bild 2 Latenzzeiten am Beispiel der Kernel- Funktion access()

Die gestiegene Verarbeitungsleistung moderner Prozessoren ergibt auch eine kürzere Ausführungszeit für die Betriebssystemfunktionen, sofern die Funktionalität nicht erweitert wird. Die Latenzzeiten werden damit auch ohne zusätzliche Maßnahmen im Betriebssystem kürzer. Von diesem Effekt profitiert Linux, so dass sich die Verwendbarkeit für zeitkritische Anwendungen deutlich verbessert hat. Die bisherigen Messungen zeigen jedoch auch, dass neue Effekte den zeitlichen Determinismus stören, die bisher verdeckt waren.

3 Linux- Derivate für zeitkritische Anwendungen

3.1 Basiskonzepte

Die Verwendung von Linux für zeitkritische Anwendungen wurde damit motiviert, dass verfügbare Anwendungssoftware (im folgenden "Standardsoftware" genannt) benutzt werden kann. Damit müssen die Überlegungen zur Modifikation davon ausgehen, dass die Programmierschnittstellen (API) erhalten bleiben. Allenfalls können neue API hinzugefügt werden. Man muss ferner davon ausgehen, dass Standardsoftware mit zeitkritischer Software kooperieren kann, da sonst die Implementierung auf getrennten Plattformen angezeigt wäre. Eine Modifikation kann nun in zwei Richtungen versucht werden.

3.1.1 Verbesserungen und Erweiterungen des Linux- Kernels

Man kann versuchen, den Kernel unter der Beibehaltung der API so umzugestalten, dass er den Anforderungen eines Echtzeitbetriebssystems genügt. Es ist abzusehen, dass man dabei Kompromisse eingehen muss, nicht zuletzt weil man mit zukünftigen Entwicklungen von Linux kompatibel bleiben muss. Der zu erwartende ständige Anpassungsaufwand kann dazu führen, dass die Weiterentwicklung aufgegeben wird. Einzelne Modifikationen können in die Hauptlinie der Linux- Entwicklung übernommen werden, so dass als Nebenprodukt Verbesserungen an der Standard- Version von Linux abfallen können.

Als Beispiel hierzu wird unter Abschnitt 3.2 das *Kansas University Real- Time Linux* (KURT) näher beschrieben.

3.1.2 Neuer Betriebssystemkern als Zwischenschicht

Die andere Möglichkeit besteht darin, dass man den Kern eines Echtzeitbetriebssystems neu implementiert, aus dessen Sicht das Standard- Linux mit unverändertem Kernel als ein eigenständiger, niederpriorer Prozess ausgeführt wird. Die Echtzeitprozesse haben eigene API; Standard- Linux- Programme sind dabei nicht lauffähig. Bei der

Gestaltung des Echtzeitbetriebssystem- Kerns hat man größere Freiheiten, so dass bessere Ergebnisse hinsichtlich des Zeitverhaltens der Echtzeitprozesse zu erwarten sind.

Beispiel hierzu ist das *Real Time -LINUX* (RTLinux) (vgl. Abschnitt 3.3).

3.2 Kansas University Real- Time Linux (KURT)

KURT wurde an der University of Kansas [9] entwickelt und erhebt den Anspruch, zeitkritischen Anwendungen im Sub- Millisekunden- Bereich zu genügen. Wesentliche Merkmale der Architektur sind:

- Neuimplementierung der Zeitbasis, wobei die Zeiteinheit (*jiffy*) weiter unterteilt wird (*jiffies_u*). Der Timer- Interrupt tritt nicht mehr periodisch auf, wobei eine Update- Funktion unter Benutzung des Time Stamp Counter des Prozessors die genaue Zeit fortschreibt.
- Explizites Scheduling von Echtzeitaufträgen an Hand von Scheduling- Tabellen, in denen der Startzeitpunkt eingetragen ist.
- Zwei Kernel- Modi: *normal mode* und *real-time mode*, wobei im *real-time mode* nur die Prozesse ausgeführt werden, die als zeitkritisch markiert sind. Dadurch wird das Blockieren von Interrupts durch nicht zeitkritische Prozesse bzw. von diesen beauftragte Gerätetreiber vermieden.
- Ladbare Kernel- Module für Echtzeitaufträge (*real-time modules*), die im privilegierten Modus ausgeführt werden, und die bestimmte Aufgaben für ein Benutzerprogramm ausführen können. Ein spezieller vordefinierter *real-time module* (*RTMod*) kann einen Kontextwechsel zu einem vorgebbaren Benutzerprozess durchführen, so dass auf diese Weise Echtzeitprozesse mit explizitem Scheduling implementiert werden können.

Die veröffentlichten Daten [9] sind vielversprechend, insbesondere ist der Overhead für die beachtlich gute Zeitauflösung relativ gering. Die Implementierung ist kritisch und eignet sich nicht als "Erstlingswerk". Unabhängige Erfahrungen, insbesondere über die Zusammenarbeit mit Standardsoftware liegen derzeit nicht vor.

3.3 Real- Time Linux (RTLinux)

RTLinux entstand als ein Forschungsprojekt am New Mexico Institute of Technology (NMT) und ist ein Open-Source Produkt. Es wird jetzt in einer eigenen Organisation (Finite State Machine Labs; FSMLabs) weiterentwickelt und unterstützt [10]. Die Architektur basiert auf einem Echtzeitbetriebssystem- Kern, der einerseits als Zwischenschicht zwischen der Hardware und dem Standard- Linux- Kern dient, andererseits zeitkritische Aufträge (RT Task) direkt abwickeln kann (vgl. Bild 3). Ursprünglich war eine RT- Task als ladbarer Kernel- Modul konzipiert, was bei nicht ausreichend getesteten Programmen häufig zu Systemabstürzen führt. Um dies zu vermeiden, wurde zunächst nur als Testhilfe eine Ablaufumgebung für die RT- Tasks geschaffen. Dieses Konzept hat sich nunmehr verselbstständigt, wobei Einschränkungen des zeitlichen Determinismus in Kauf genommen werden müssen.

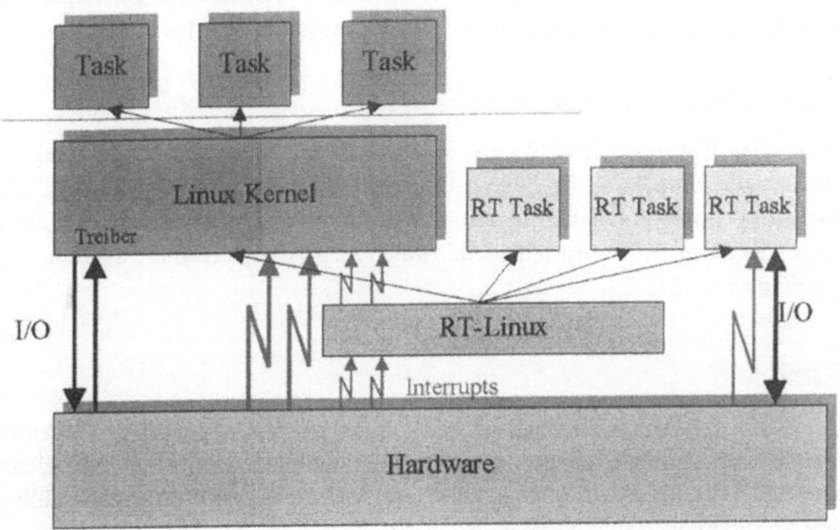

Bild 3 Architektur von RT- Linux

Der Vorteil dieser Architektur ist:

- Der Benutzer muss keine Veränderungen am Standard- Linux- Kern vornehmen. Ein notwendiger Patch zur Abbildung der Interrupts ist von den Entwicklern bereits eingearbeitet.
- Die Interrupts werden besonders behandelt, so dass die langen Interrupt- Service- Routinen sich nicht so schädlich auf die zeitkritischen Aufträge auswirken, und Interruptsperren des Kernels umgangen sind.
- Man erhält mehr Gestaltungsspielraum für die Abwicklung der zeitkritischen Aufträge.

Nachteilig ist, dass für die RT Task eigene API implementiert werden müssen. Eine Kommunikation mit Standard- Linux- Anwendungen ist nur über spezielle Warteschlangen oder über Dateien möglich. Die Verwendung existierender Software in einer RT Task erfordert die Existenz der benutzten API.

Bisher wurden nur sehr elementare API für die RT Task angeboten, so dass die an der UniBw München vorhandene Analysesoftware nicht verwendet werden konnte. Jetzt wird eine RT Linux- Version für der Linux- Kernel 2.2 angeboten, die API in Anlehnung an POSIX enthält. Eigene Tests konnten bis zur Fertigstellung dieses Beitrags noch nicht durchgeführt werden, so dass u.a. der Grad der Übereinstimmung mit dem POSIX- Standard nicht überprüft werden konnte. Man muss jedoch davon ausgehen, dass die Mächtigkeit der API für die RT Task hinter der von Standard- Linux zurückbleibt. Letztlich würde Standard- Linux durch eine vollständige Übereinstimmung überflüssig, da alle Anwendungen als RT- Tasks ausgeführt werden könnten.

3.4 Real Time Application Interface (RTAI)

Ein ähnliches Konzept wie RTLinux, wenn auch mit einer anderen Vorgeschichte, wurde am Dipartimento di Ingegneria Aerospaziale - Politecnico di Milano (DIAPM) entwickelt [11]. Die Entwickler bieten es auch direkt als Alternative zu RTLinux an. Für den Anwender ist hier entscheidend, welche der Alternativen die stabilere Implementierung darstellt.

4 Fazit

Die Verbesserungen in der Kernel- Version 2.2 ergeben eine deutliche Verbesserung des zeitlichen Determinismus der Anwendungsprogramme, auch wenn noch nicht alle Wünsche für den Einsatz in Anwendungen mit moderaten Zeitforderungen erfüllt sind. Offene Anforderungen sind insbesondere

- verbesserte Zeitauflösung; eine gute Möglichkeit wäre die Verwendung der Zeitbasis von KURT (UTIME [9]) in Standard- Linux;
- Verkürzung langer Interrupt- Service- Routinen durch Kernel Threads;
- Reduzierung der Interruptsperren im Kernel.

Die verschiedenen Derivate von Linux für zeitkritische Anwendungen sind für das Gewinnen von Erfahrungen besonders wichtig, die zu Verbesserungen in Standard-Linux führen können. Unter dem Aspekt der Verwendung von Standard- Software für zeitkritische Anwendungen sind diese Entwicklungen nur bedingt hilfreich, da neue Kompatibilitäts- und Kooperationsprobleme entstehen, wie dies am Beispiel von RT-Linux gezeigt wurde. Mittelfristig entstehen auch Probleme durch die Notwendigkeit, diese Sonderentwicklungen fortlaufend an die weitere Entwicklung von Linux anzupassen, so dass die "Überlebenschancen" skeptisch beurteilt werden müssen.

Literatur

[1] H.Rzehak: Standardbetriebssysteme für zeitkritische Anwendungen?; GI- Workshop über Realzeitsysteme am 27. und 28.11.1997 in Boppard, Tagungsband S. 1-9, Reihe Informatik aktuell des Springer- Verlags 1997

[2] R. Hill, B. Srinivasan, S. Pather, D.Niehaus: Temporal Resolution and Real-Time Extensions zu Linux; Technical Report ITTC-FY98-TR-11510-03, University of Kansas; http://www.ittc.ukans.edu/kurt/

[3] M. Mächtel; H. Rzehak: Measuring the Influence of Real-Time Operating Systems on Performance and Determinism; Control Engineering Practice Vol. 4, No. 10, 1996, pp. 1461-1469

[4] M. Mächtel; H. Rzehak: Real- Time Operating Systems on the Test- Bench; Proc. Joint IFAC/IFIP Workshop on Real-Time Programming and Internat. Workshop on Active and Real- Time Database Systems; Schloß Dagstuhl, 30.05.1999 - 02.06.1999

[5] M. Mächtel: Entstehung von Latenzzeiten in Betriebssystemen und Methoden zur meßtechnischen Erfassung; Fortschrittsberichte VDI Reihe 8 Nr. 808, VDI- Verlag 2000

[6] M. Mächtel: Unter der Lupe: Verfahren zum Vergleich von Echtzeitsystemen; iX 9/2000, S. 120

[7] S. Heursch: Latenzzeitmessungen des Betriebssystems Linux (Real-Time Linux/KURT-Linux); Diplomarbeit UniBw München, 1999; http://bastard.informatik.unibw-muenchen.de/projekte/dipl/heursch/

[8] Andreas Stiller: SPECulatius- SPEC-Benchmark und Intel-Prozessoren; c't 3/1996, S. 60

[9] httpp://www.ittc.ukans.edu/kurt/

[10] http://www.rtlinux.org/rtlinux/

[11] http://www.aero.polimi.it/projects/rtai/

Routing mit QoS-Eigenschaften unter Linux

Falko Dressler, Ursula Hilgers

Regionales Rechenzentrum der Universität Erlangen–Nürnberg, Martensstrasse 1
Falko.Dressler@rrze.uni-erlangen.de / Ursula.Hilgers@rrze.uni-erlangen.de

Zusammenfassung Durch die zunehmende Anzahl interaktiver Multimedia–Anwendungen steigen die Anforderungen an die Netzwerk–Funktionalität. Die Notwendigkeit, Dienstgüte für die Übertragung zuzusichern, gewinnt zunehmend an Bedeutung. In dieser Arbeit soll die Traffic Control Funktionalität des Linux Betriebssystems präsentiert werden. Dabei werden zunächst die von der IETF standardisierten Dienstgüte–Mechanismen für IP–Netzwerke vorgestellt. Die Implementation unter Linux wird erläutert und anschließend in Labormessungen untersucht.

1 Einleitung und Motivation

In vielen Bereichen der Wissenschaft und Industrie gehören multimediale Datenübertragungen bereits zum Standardumfang des Dienstleistungsangebotes. Auch viele kleinere Forschungsinstitute und Firmen sind dabei, sich Dienste wie Voice– und Video–Übertragungen über die gleiche Netzinfrastruktur nutzbar zu machen, über die Daten übertragen werden.

Linux ist ein mittlerweile weltweit akzeptiertes Betriebssystem, welches immer weitere Verbreitung findet. Aufgrund des niedrigen Preises (das System an sich ist kostenfrei) und der relativ einfachen Bedienung ist dieses System bereits heute erste Wahl für die Realisierung des Routers für den Anschluss ans Internet gerade auch für kleine Forschungsinstitute und Firmen [Rie99]. Interessant wird diese Konstruktion auch deshalb, da der Linux–Router auch als Firewall genutzt werden kann. In dieser Arbeit sollen die Traffic Control Funktionen untersucht werden, um die der Linux–Kernel erweitert wird [Lor00]. Diese sollen in der Lage sein, Dienstgüte in Netzwerken bereitzustellen.

Im zweiten Kapitel werden zunächst von der IETF standardisierte Dienstgüte–Mechanismen für IP–Netzwerke vorgestellt. Im dritten Kapitel wird die Implementation unter Linux erläutert und anschließend in Labormessungen untersucht.

2 QoS für IP

Um das IP–Protokoll um die Fähigkeit zu erweitern, Dienstgüte in Netzwerken bereitzustellen, hat die IETF zwei unterschiedliche Ansätze vorgeschlagen. Die Integrated Services Architektur [Bra94], reserviert für jeden Anwendungsfluss Ressourcen in den Endgeräten und den Routern im Netzwerk. Ein Einsatz dieses Verfahrens scheitert zur Zeit noch an der Komplexität und der schlechten Skalierbarkeit des zugrundeliegenden Reservierungsprotokolls RSVP [Bra97], [Man97].

Ein anderer Ansatz ist das Differentiated Services Konzept der IETF [Bla98], das alle IP–Pakete in wenige Dienstklassen mit unterschiedlichen Dienstcharakteristiken einordnet. Dazu werden IP–Pakete klassifiziert und zu Dienstklassen mit unterschiedlichen Qualitätsmerkmalen aggregiert. Die Zuordnung eines Paketes zu einer Dienstklasse erfolgt durch einen Wert im IP–Header, dem Differentiated Services–Byte (DiffServ–Byte) [Nic98].

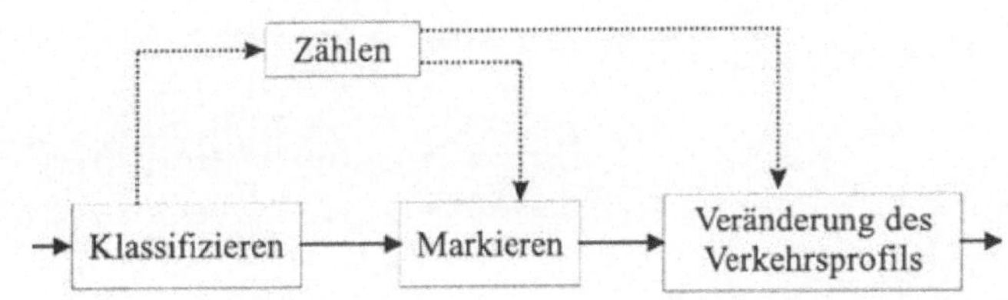

Abbildung1. Komponenten der DiffServ-Architektur [Bla98].

Pakete, die in einen Router gelangen, werden vom Klassfizierer ausgewertet und der Wert des DiffServ–Bytes bestimmt die Dienstklasse, der das Paket angehört (Abbildung 1). Nach der Klassifikation überprüft ein Zähler, ob das Verkehrsprofil der Pakete einer Dienstklasse, beispielsweise die gesendete Bandbreite, den vertraglichen Vereinbarungen entspricht. Dieses Ergebnis entscheidet, ob ein Markierer den Wert im DiffServ–Byte des IP–Headers mit einem anderen Wert belegt, der das Paket möglicher Weise auf Grund von zu hohem Bandbreitenbedarf in eine niedrigere Dienstklasse einstuft. Darüber hinaus besteht die Möglichkeit, Pakete wegen Verletzung der vertraglich ausgehandelten Parameter bei Überschreiten der zugestandenen Bandbreite zu verwerfen oder zu verzögern, um den Verkehrsstrom zu glätten.

Für jede Dienstklasse und dem entsprechenden Wert im DiffServ–Byte wird durch ein Per Hop Behaviour (PHB) festgelegt, wie Pakete im ausgehenden Interface des Routers weitergeleitet werden. Das PHB wird z. B. durch Scheduling–Verfahren oder durch Mechanismen zur Verhinderung von Überlast in Netzwerken realisiert. Außerdem werden in Abhängigkeit von der Priorität der Dienstklasse Ressourcen reserviert.

3 Implementation unter Linux

Der Linux Kernel erlaubt die Unterstützung der meisten Funktionalitäten des DiffServ–Konzeptes [WWW00]. Die Implementation basiert auf einem modularen Ansatz, der aus den folgenden Komponenten besteht: Den Filtern, den Klassen, den Scheduling–Verfahren und dem Policing / Shaping.

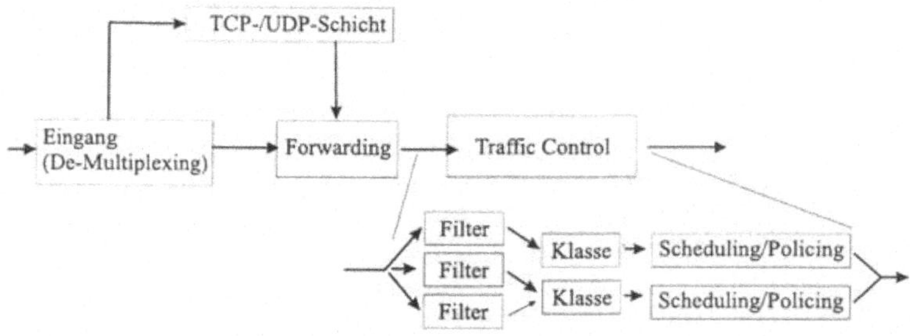

Abbildung2. DiffServ-Komponenten des Linux-Kernels [Alm99].

In Abbildung 2 ist dargestellt, wie der Linux–Kernel Daten, die er vom Netzwerk empfängt, im Eingangsinterface verarbeitet und sie den zugehörenden Applikationen zuleitet. Nicht in die Skizze integriert sind Funktionen, die bereits am Eingangsinterface die IP–Pakete untersuchen und aufgrund der gewählten Konfiguration Pakete verwerfen bzw. ein (Re–)Tagging vornehmen. Diese Funktionen werden in der vorliegenden Arbeit nicht untersucht. Die Komponente `Forwarding` empfängt Informationen aus den höheren Schichten und führt alle Aufgaben zur korrekten Weiterleitung der Daten durch, wie z. B. die Wahl des Ausgangsinterfaces. Bevor die Daten auf das Netzwerk weitergeleitet werden, wird auf sie die Traffic Control Funktionalität angewendet. `Filter` werden dazu verwendet, Pakete in verschiedene `Klassen` mit unterschiedlichen Leistungscharakteristiken einzuordnen. Beispielsweise kann Netzwerkkontrollverkehr, der an eine bestimmte Portnummer gesendet wird, aus dem übrigen Datenverkehr herausgefiltert werden, um ihn bevorzugt zu behandeln. In dem Beispiel in Abbildung 2 teilen drei verschiedene Filter den Verkehr auf zwei Klassen auf. Mit jeder Netzwerkschnittstelle ist ein `Scheduling`-Verfahren gekoppelt, das festlegt, in welcher Reihenfolge Daten gesendet werden. Es können mehrere Warteschlangen verwaltet werden (s. Abbildung 2). Zusätzlich kann mit Hilfe von `Policing` Verkehr von Klassen, die die ihnen zugestandene Bandbreite überschreiten, verworfen werden. Somit kontrollieren Scheduling–Verfahren mit Policing–Funktionalität das Puffermanagement am ausgehenden Interface eines Routers. In der Linux–Implementation sind mehrere Scheduling–Verfahren realisiert, von denen zwei miteinander verglichen werden sollen: Die Standard–Methode, FIFO–Queueing (First in, First Out), speichert Pakete in einer Warteschlange in der Reihenfolge, mit der sie im System eintreffen, und leitet sie dann weiter. Class Based Queueing (CBQ) wird in [FJ95] als Queue–Management–Verfahren vorgestellt, in den Messungen aber als Scheduling–Verfahren angewendet. Es teilt den Verkehr der verschiedenen Klassen in eine hierarchische Struktur. Dabei wird jeder Klasse der ihr zustehende Anteil an Ausgangsbandbreite zugewiesen. Dadurch wird die Nutzung einer physikalischen Verbindung durch mehrere logisch getrennte Datenflüsse ermöglicht. Zusätzlich unterstützt das Verfahren durch die Isolierung und die mögliche Bevorzugung von Datenverkehr die Übertragung von Echtzeit–Daten.

4 Laboruntersuchungen

Mit den folgenden Tests soll die praktische Nutzbarkeit von Linux-Systemen als integrierte Routing–Komponente mit Traffic Control Funktionalität zur Bereitstellung von QoS untersucht werden. Neben der Klassifizierung, die die Grundlage für unterschiedliche Behandlung von Verkehr ist, soll anhand verschiedener Fallstudien das Verhalten eines Linux–Routers untersucht werden, wenn verschiedene Datentypen wie z.B. Telefonie über IP (VoIP) oder auch Videoübertragungen über dieselbe Netzinfrastruktur übertragen werden.

4.1 Testaufbau

Die vorgestellten Tests werden mit dem in Abbildung 3 dargestellten Messaufbau durchgeführt. Der Linux–Router ist mit zwei Ethernetkarten ausgestattet, eine mit einer Bandbreite von 10 MBit/s und eine mit 100 MBit/s. Ein Verkehrsgenerator der Firma Smartbits (SMB6000) erzeugt UDP–Verkehr. Da leider nur PoS-Interfaces (Packet over Sonet) am Smartbits zur Verfügung stehen, wird Router der Firma Cisco (Cisco 7500) zur Umsetzung von PoS bzw. FDDI auf Ethernet eingesetzt. Die

100 MBit/s Ethernetkarte des Linux–Routers ist mit `Router1` verbunden. Weiterhin kommen zwei UNIX-Systeme der Firma Sun (Sun ULTRA 60) zum Einsatz, um den TCP-Verkehr zu erzeugen. Sie sind mit den Cisco–Routern über FDDI angeschlossen. Eine Referenzmessung zeigt, daß an den Eingangs– und Ausgangsschnittstellen dieser Router keine Pakete verworfen werden.

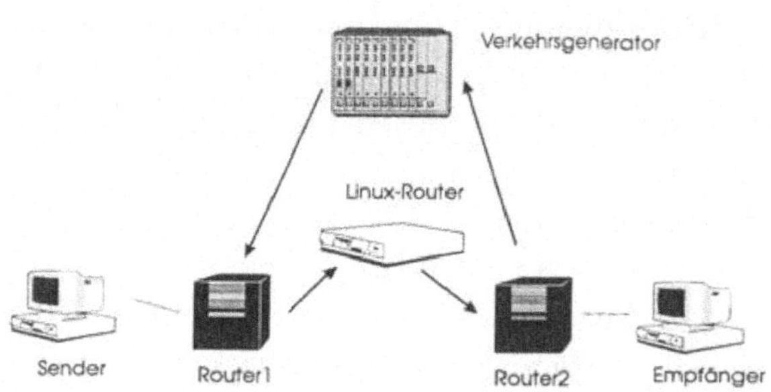

Abbildung3. Testaufbau für die Labormessungen.

Im folgenden wird zunächst die Filter– und Klassifikationsfunktionalität in der Linux–Realisierung untersucht. Danach werden FIFO und CBQ mit sich unterscheidenden Verkehrsszenarien verglichen.

4.2 Klassifizierung von Verkehr

Der Linux-Scheduler ist in der Lage, die Klassifizierung der IP–Pakete anhand verschiedener Merkmale durchzuführen. Zum einen kann das ToS–Byte (Type of Service) ausgewertet werden. Aber auch eine Klassifizierung der IP–Pakete anhand von Adressen im IP–Header ist möglich. In den Tests wird die Unterscheidung von Verkehrsströmen anhand der Ziel–IP–Adressen durchgeführt. Zum Einsatz kam dabei die Firewall–Funktion des Linux–Routers. Ein spezieller Teil der Firewall–Regeln dient dazu, IP–Pakete zu identifizieren (anhand von IP–Adresse und Port) und verschiedenen Klassen zuzuordnen. Das Kommando `ipchains` ordnet einen Verkehrsstrom in eine Klasse ein und weist ihm ein Label zu. In dem unten stehenden Beispiel werden zwei verschiedene ausgehende Flows (Datenströme mit identischem Quadrupel [Quell-IP-Adresse, Quell-IP-Port, Ziel-IP-Adresse, Ziel-IP-Port]) anhand der Zieladressen zwei Klassen mit den Labels 2 und 3 zugeordnet:

```
ipchains -A output -d 192.129.1.0/24 -m 2
ipchains -A output -d 192.129.2.0/24 -m 3
```

Das folgende Beispiel veranschaulicht, wie die Markierung mit Hilfe von Filterregeln über das ToS–Byte erfolgen kann. Mit der Maske `0xfc` werden die ersten 14 Bits aus diesem Byte maskiert. Mit den unten abgebildeten Beispielen werden alle Pakete mit dem Wert 0 im ToS–Byte in die Klasse mit dem Label 2 einsortiert und die mit dem Wert 0x20 in die Klasse mit Label 3.

```
tc filter add dev eth0 parent 1:0 protocol ip prio 100 u32 match ip precedence \
   0x00 0xfc flowid 1:2
tc filter add dev eth0 parent 1:0 protocol ip prio 100 u32 match ip precedence \
   0x20 0xfc flowid 1:3
```

4.3 Vergleich der Scheduling–Mechanismen: reiner UDP–Verkehr

Um die beiden Scheduling–Verfahren FIFO–Scheduling und CBQ miteinander zu vergleichen, werden vier Verkehrsflüsse mit folgenden Eigenschaften definiert. Angegeben sind die Senderate des Verkehrsgenerators, der Typ des Datenverkehrs, der simuliert werden soll und die konfigurierte Rate der Dienstklassen bei den CBQ–Tests. `Flow1` soll die höchste Priorität haben, `Flow4` die niedrigste.

`Flow1`: Senderate: 33 Frames/s *á* 240 Bytes, entpricht 63 kBit/s
Typ: hochpriorer Sprachverkehr (VoIP)
max. CBQ–Kanalrate: 100 kBit/s

`Flow2`: Senderate: 33 Frames/s *á* 240 Bytes, entpricht 63 kBit/s
Typ: Multimedia, Audio
max. CBQ–Kanalrate: 100 kBit/s

`Flow3`: Senderate: 139 Frames/s *á* 900 Bytes, entpricht 1 MBit/s
Typ: Multimedia, Video
max. CBQ–Kanalrate: 1.1 MBit/s

`Flow4`: Senderate: 2331–14568 Frames/s *á* 429 Bytes, entspricht 8 MBit/s–50 MBit/s
Typ: "Best Effort" Verkehr
max. CBQ–Kanalrate: 8 MBit/s

Im ersten Versuch wird mit dem Standard–FIFO–Scheduler des Routers gearbeitet, um eine Referenz für den folgenden CBQ–Test zu erhalten. Dabei wird die Senderate auf `Flow4` kontinuierlich erhöht. Untersucht werden sollten die Auswirkungen auf den Durchsatz von `Flow1` bis Flow3. In Tabelle 1 sind die Ergebnisse zusammengestellt. Erkennbar ist, daß bei steigender Senderate auf Flow4 alle anderen Flows deutliche Durchsatzeinbußen erkennen lassen. Der Verkehr von Flow1 - Flow3 wird verdrängt durch die große Senderate auf Flow4.

Tabelle1. Durchsatz bei FIFO-Scheduling mit 4 UDP-Flows.

Senderate	Durchsatz			
Flow4	Flow1	Flow2	Flow3	Flow4
$[MBit/s]$	$[kBit/s]$	$[kBit/s]$	$[kBit/s]$	$[kBit/s]$
8.00	63.22	63.22	991.36	7976.08
10.00	54.67	52.51	825.2	8434.83
12.00	48.16	44.71	707.72	8598.25
20.01	31.97	26.38	422.28	8873.49
49.97	16.69	10.43	197.32	9194.71

In einem zweiten Test wird das Verhalten der Verkehrsströme unter Einsatz des CBQ-Scheduler untersucht. Dazu werden vier Klassen erzeugt und diese anhand der IP-Adressen unterschiedlichen Klassen zugeordnet. Die Rate der einzelnen CBQ-Kanäle ist, wie oben beschrieben konfiguriert.

In Tabelle 2 sind die Ergebnisse zusammengestellt. Man sieht, daß die Datenströme Flow1 - Flow3 keine Datenverluste erleiden müssen. Der Durchsatz bleibt konstant, obwohl die Senderate von Flow4 wie im Test vorher kontinuierlich erhöht wird.

Tabelle2. Durchsatz bei CBQ-Scheduling mit 4 UDP-Flows.

Senderate	Durchsatz			
Flow4	Flow1	Flow2	Flow3	Flow4
$[MBit/s]$	$[kBit/s]$	$[kBit/s]$	$[kBit/s]$	$[kBit/s]$
8.00	63.43	63.43	994.72	8003.35
10.00	63.46	63.46	995.4	8184.35
12.00	62.54	62.54	980.52	8066.34
20.01	62.37	62.37	977.96	8043.79
49.97	62.42	62.42	978.6	8051.95

In Abbildung 4 ist der Vergleich zwischen FIFO- und CBQ-Scheduling zusammenfassend dargestellt. Wie bereits beschrieben, reduziert sich bei

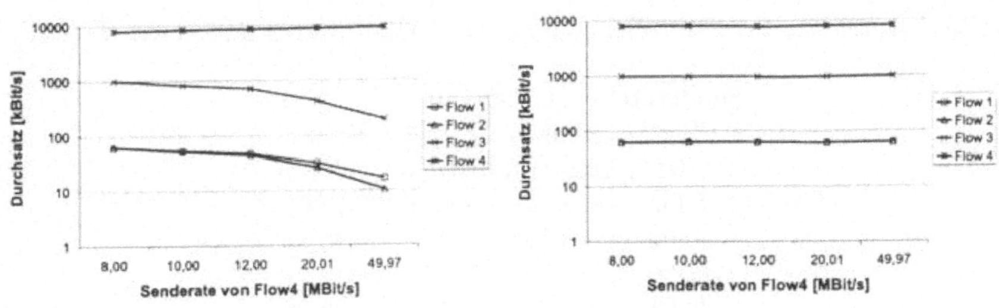

Abbildung4. Messungen mit reinem UDP-Verkehr (links FIFO, rechts CBQ).

FIFO–Scheduling der Durchsatz von `Flow1` – `Flow3` bei steigender Senderate von `Flow4`, während bei CBQ der Durchsatz dieser höcherprioren Flows nicht reduziert wird, auch wenn die Überlast am ausgehenden Interface von `Router2` steigt.

4.4 Vergleich der Scheduling–Mechanismen: gemischter UDP– / TCP–Verkehr

In diesem Kapitel wird untersucht, ob TCP–Ströme mit dem TCP eigenen Congestion Control Mechanismen durch Anwendung von CBQ Scheduling–Strategien gegenüber einem "Best Effort"–Strom geschützt werden. Es werden drei verschiedene Flows konfiguriert mit folgenden Eigenschaften:

`Flow1`: Senderate: 33 Frames/s *á* 240 Bytes, entpricht 63 kBit/s
Typ: hochpriorer Sprachverkehr (VoIP)
max. CBQ–Kanalrate: 100 kBit/s

`Flow2`: Senderate: maximaler TCP–Durchsatz bei 1500 Bytes/Frame
Typ: TCP–Vekehr (ftp)
max. CBQ–Kanalrate: 4 MBit/s

`Flow3`: Senderate: 2331–14568 Frames/s *á* 429 Bytes
entspricht 8 MBit/s–50 MBit/s
Typ: "Best Effort" Verkehr
max. CBQ–Kanalrate: 5 MBit/s

Wieder wird ein erster Versuch mit dem Standard–FIFO–Scheduler des Linux–Routers durchgeführt, um eine Referenz für den folgenden CBQ–Test zu erhalten. Die Senderate von `Flow3` wird kontinuierlich erhöht. In Tabelle 3 sind die Ergebnisse zusammengestellt. Es ist der gleiche Effekt zu erkennen wie in Tabelle 1. Der Durchsatz der hochprioren Klassen `Flow1` und `Flow2` sinkt mit steigender Senderate auf `Flow3`.

Tabelle3. Durchsatz bei FIFO-Scheduling mit 2 UDP–Flows und einem TCP–Flow.

Senderate Flow3 $[MBit/s]$	Durchsatz Flow1 $[kBit/s]$	Flow2 $[kBit/s]$	Flow3 $[kBit/s]$
8.00	62.11	1144.08	7817.07
10.00	52.19	926.56	8198.82
12.00	46.69	277.76	8911.07
20.01	28.61	110.96	9102.06
49.97	11.17	72.32	9166.24

Im nächsten, wesentlich interessanteren Test wird das Verhalten der Verkehrsströme unter Einsatz des CBQ untersucht. Dazu werden drei Klassen erzeugt und die anhand der IP–Adressen unterschiedenen IP–Ströme den Klassen zugeordnet.

In der Zusammenstellung der Ergebnisse in Tabelle 4 sieht man sehr gut, daß wieder der kleine hochpriore UDP–Strom (z.B. VoIP) ohne Datenverlust arbeiten kann. Etwas anders schaut das Bild beim TCP–Strom aus. Eine wesentliche Eigenschaft von TCP ist es, durch den sogenanten "Slow Start"–Mechanismus die gesendete Datenrate zu reduzieren. Immer, wenn Pakete verloren gehen, also durch TCP neu übertragen werden müssen, setzt dieser Mechanismus ein, der zunächst die Senderate reduziert, damit sich die vermeintliche Überlastsituation am Router entschärft, um die Rate dann wieder kontinuierlich zu steigern. Das Ergebniss ist, daß der TCP–Strom nicht, wie vermutet, volle 4 MBit/s übertragen kann, sondern nur ca. 1 MBit/s nutzt. Der "freie" Raum wird wieder durch die "Best Effort"–Klasse geborgt, so daß hier höhere Datenraten möglich sind.

Tabelle4. Durchsatz bei CBQ-Scheduling mit 2 UDP-Flows und einem TCP-Flow.

Senderate Flow3 $[MBit/s]$	Durchsatz Flow1 $[kBit/s]$	Flow2 $[kBit/s]$	Flow3 $[kBit/s]$
8.00	64.32	1133.84	8167.53
10.00	63.04	1067.44	8054.33
12.00	63.33	1091.92	8079.73
20.01	63.49	1061.68.6	8119.25
49.97	64.32	116.80	8192.98

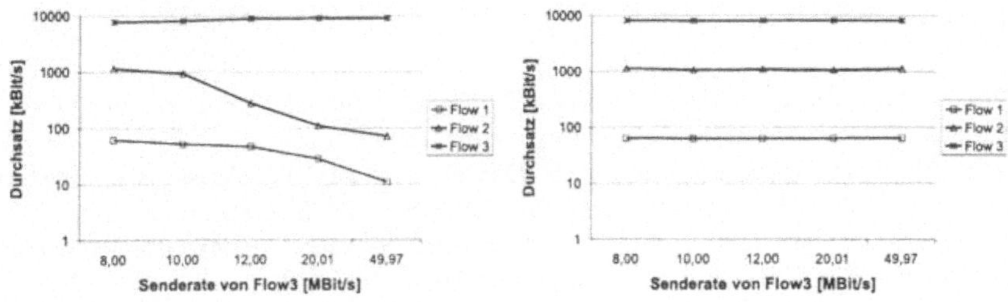

Abbildung5. Messungen mit gemischtem UDP– und TCP–Verkehr (links FIFO, rechts CBQ).

Wie in Abbildung 5 zu sehen ist, bricht die Übertragungsleistung des TCP–Stroms bei höherer Last in der "Best Effort"–Klasse nicht ein, wenn CBQ aktiviert ist. Eine sinnvolle Aufteilung der zur Verfügung stehenden Bandbreite ist mittels CBQ möglich, aber durch die Strukturierung der Klassen anhand von festen IP–Adressen sehr statisch. Durch die Einteilung der Klassen anhand des gesetzeten ToS–Bytes, ist dies zwar etwas dynamischer, aber nur sehr wenige Applikationen und Endgeräte unterstützen dies bisher.

5 Zusammenfassung

Die Untersuchungen in dieser Arbeit zeigen, daß die Erweiterungen des Linux–Kernels um die Traffic Control Funktionalität zu zufriedenstellenden Ergebnissen führen. Die Labormessungen zeigen, daß die Klassifikation von Verkehr als Grundlage zur differentierten Behandlung von IP–Paketen nach unterschiedlichen Kriterien möglich ist. Das implementierte Class Based Queueing ermöglicht eine Isolierung von hoch prioren Strömen und bietet auch in Überlastsituationen einen garantierten Durchsatz.

Einige vorgesehene Tests waren leider aufgrund der nicht vollständigen Implementierung nicht möglich. So konnte z.B. das Priority–Queueing nicht in die Labormessungen einbezogen werden.

Zusammenfassend kann man aber sagen, daß die Linux–Routing–Maschine für kleinere Forschungsinstitute und Firmen als kostengünstige Alternative zu z.B. Cisco–Routern empfohlen werden kann. Unter Linux sind die QoS–Features für alle Interfacekarten einsetzbar.

Literatur

[Alm99] W. Almesberger, *Linux Network Traffic Control - Implementation Overview.* http://icawww1.epfl.ch/linux-diffserv/, April, 1999.

[Bla98] S. Blake, D. Black, M. Carlson, E. Davies, Z. Wang, W. Weiss, *An Architecture for Differentiated Services.* Request for Comments 2475, December 1998.

[Bra94] B. Braden, D. Clark, S. Shenker, *Integrated Service s in the Internet Architecture: an Overview.* Request for Comments 1633, Juni 1994.

[Bra97] B. Braden, L. Zhang, S. Berson, S. Herzog, S. Jamin, ıt Resource ReSerVation Protocol (RSVP) — Version 1 Functional Specification. Request for Comments 2205, September 199.

[FJ95] S. Floyd, V. Jacobson, *Link–sharing and Resource Management Models for Packet Networks.* In: IEEE/ACM Transactions on Networking, August 1995.

[Lor00] M. Lorenz, *Geordnete Wege, Traffic Control mit Linux.* iX 4/2000.

[Man97] A. Mankin, F. Baker, B. Braden, S. Bradner, M. O'Dell, A. Romanow, A. Weinrib, L. Zhang, *Resource ReSerVation Protocol (RSVP) — Version 1 Applicability Statement — Some Guidelines on Deployment.* Request for Comments 2208, September 1997.

[Nic98] K. Nichols, S. Blake, F. Baker, D. L. Black, *Definition of the Differentiated Services Field (DS Field) in the IPv4 and IPv6 Headers.* Request for Comments 2474, Dezember 1998.

[Rie99] M. Riepe, *Spur Pinguin, Routing im Linux–Kernel 2.2.x.* iX 9/1999.

[WWW00] *Differentiated Services on Linux.* http://icawww1.epfl.ch/linux–diffserv/, Juli 2000.

Realzeitfähige serielle Datenübertragung mit Fehlerkorrektur

Thomas Erdner und **Wolfgang A. Halang**
FernUniversität
Fachbereich Elektrotechnik
Lehrstuhl für Informationstechnik
58084 Hagen
Thomas.Erdner@FernUni-Hagen.de

Zusammenfassung

Ein speziell für realzeitfähige Kommunikationsanwendungen mit kurzen Telegrammlängen ausgelegtes Verfahren wird beschrieben. Es stellt sicher, daß das Zeitverhalten serieller Übertragungsstrecken nicht durch stochastische Übertragungsfehler beeinflußt wird. Durch Hamming-Kodierung der Telegramme erübrigt sich die Korrektur einzelner fehlerhafter Bitstellen durch Übertragungswiederholung.

1 Stand der Technik

Technische Kommunikationsprozesse erfordern zur Produktivitätssteigerung immer leistungsfähigere und damit schnellere Systeme. Da konventionelle serielle Übertragungssysteme für die Mehrzahl aller Anwendungen ausreichten, entwickelte die Industrie kein großes Interesses an fehlertoleranter Realzeitfähigkeit. So vertraut man heutzutage bei Realzeitanwendungen in erster Linie auf schnelle Systeme, welche vorgegebene Zykluszeiten aufgrund ihrer Geschwindigkeit einhalten. Eine Schwachstelle bestehender Systeme ist die Art der Korrektur von Übertragungsfehlern in der Sicherungsschicht (data link layer). Fast alle verfügbaren Systeme erkennen zwar Übertragungsfehler durch entsprechende Maßnahmen wie Paritätsprüfung, Summenbildung, Blocksicherung oder CRC-Test [1], jedoch werden diese fast grundsätzlich nach dem ARQ-Verfahren (error detection with automatic request repeat) [5] behandelt, indem Nachrichten einfach wiederholt werden. Weil aber Übertragungsfehler in der Regel stochastischer Natur sind, bedeutet jeder erkannte Fehler eine Wiederholung und damit eine Verzögerung des Datenaustausches, die nicht vorhersehbar ist. Besonders in kritischen Anwendungen, wie z.B. Antriebsregelungen, oder bei hohen Übertragungsraten kann diese Eigenschaft zu nicht reproduzierbaren Fehlern führen und sich nachteilig auf die Stabilität der Prozesse auswirken.

2 Übertragung gesicherter Daten-Nibbles

Zur Sicherung serieller Datenübertragungskanäle werden grundsätzlich redundante Kodes [7] eingesetzt, welche nicht nur die Erkennung von Fehlern ermöglichen, sondern teilweise auch die Korrektur fehlerhafter Telegramme gestatten. Maße für die Effizienz von Kodierungsvorschriften sind zum einen die Hamming-Distanz h und zum anderen das Verhältnis von Nutzdaten m zu gesendeten Daten n. Da sich beide Maße reziprok zueinander verhalten, muß für jede Anwendung ein Kompromiß gefunden werden. Weil Realzeitsysteme in der Regel durch kurze Zykluszeiten und kleine Datenmengen gekennzeichnet sind, entwickeln wir ein Übertragungsverfahren auf der Basis von Nibbles (4 Bits) als Dateneinheit und mit entsprechender Hamming-Kodierung. Dieses Verfahren ist für sehr kleine Kodelängen besonders gut überschaubar. Speziellere optimierte Kodierungsmechanismen [7] erhöhen die Effizienz nur bei größeren Kodelängen.

2.1 Berechnung der Korrekturstellen

Mittels der Hamming-Kodierung kann man in einem Telegramm auf relativ einfache Weise eine vorherbestimmbare Anzahl von Datenbits sichern bzw. korrigieren. Folgende Grundlagen werden zur Bestimmung der Kontrollstellen und der daraus folgenden Hamming-Distanz benötigt:

m = Anzahl der Nachrichtenstellen $\Rightarrow 2^m$ mögliche Kodewörter

k = Anzahl der Kontrollstellen

n = Länge der Kodewörter

e = Anzahl der korrigierbaren Stellen

h = Hamming-Distanz

Die Länge des gesicherten Kodes läßt sich somit wie folgt bestimmen:

$$n = m + k \qquad (1)$$

Die Anzahl der benötigten Korrekturstellen k für eine vorherbestimmbare Anzahl korrigierbarer Stellen e läßt sich aus folgenden Beziehungen [7] herleiten:

$$k \geq ld \left[\sum_{i=0}^{e} \binom{n}{i} \right] \qquad (2)$$

Hieraus folgt für $n = 7$ und $e = 1$:

$$k \geq ld\left[\binom{7}{0} + \binom{7}{1}\right] = ld\,[1+7] = 3 \tag{3}$$

Weiterhin folgt für eine ungerade Hamming-Distanz h:

$$h = 2e + 1 \tag{4}$$

bzw. für eine gerade Hamming-Distanz h:

$$h = 2e + 2 \tag{5}$$

In unserem Entwurf werden durch drei Kontrollstellen k die Fehlerkorrektur für die 7 Bits umfassenden Kodewörter auf $e = 1$ Bit bzw. die Fehlererkennung auf 2 Bits festgesetzt. Diese Eigenschaft wird in Abb. 1 graphisch verdeutlicht. Die möglichen Kodewörter haben zueinander eine Hamming-Distanz von $h = 3$, d.h., jedes mögliche Kodewort unterscheidet sich in mindestens drei Bitstellen von jedem anderen möglichen Kodewort. Die eingezeichneten Radien markieren die Korrekturgrenzen der Kodewörter.

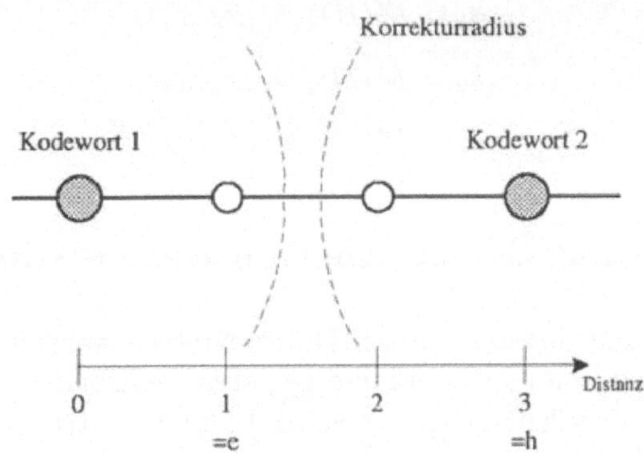

Abbildung 1: Hamming-Distanz des eingesetzten Kodes

3 Die Hamming-Kodierung der Daten-Nibbles

Die Kontrollstellen werden durch eine Hamming-Kodierung der Nachrichtenstellen erzeugt. Jeweils drei Nachrichtenstellen x_i werden über eine Modulo-2-Addition verknüpft und das Ergebnis als eine Kontrollstelle k_i verwendet. Das Verfahren entspricht der Erzeugung eines Paritätsbits, nur mit dem Unterschied, daß eine Nachrichtenstelle ausgelassen wird und somit mehrere Kontrollstellen erzeugt werden können. Bei einem Daten-Nibble ist es daher möglich, bis zu maximal vier Kontrollstellen zu erzeugen. Da zur einfachen Fehlerkorrektur jedoch nur drei Kontrollstellen erforderlich sind, wird die vierte ausgelassen. Diese hat lediglich Einfluß auf die Fehlererkennung, nicht jedoch auf die Fehlerkorrektur. Da sie aber die Redundanz und damit auch die Übertragungszeit eines Telegramms zusätzlich erhöhen würde, wird diese Stelle nicht eingerichtet.

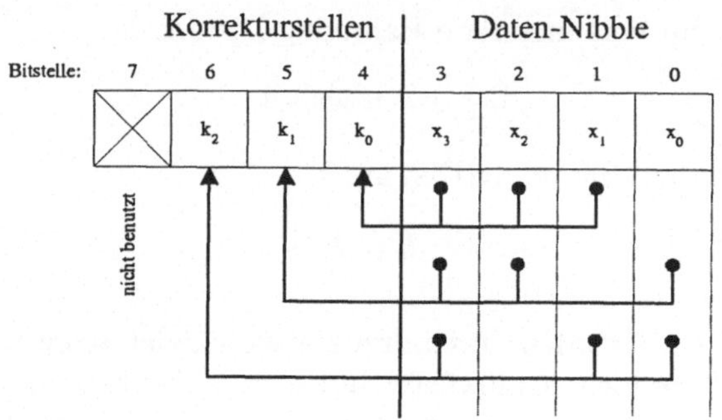

Abbildung 2: Erzeugung der Korrekturstellen

Die folgenden Gleichungen zeigen die Bildungsvorschrift für die drei Korrekturstellen:

$$k_1 = MOD_2(x_2, x_3, x_4) \tag{6}$$

$$k_2 = MOD_2(x_1, x_3, x_4) \tag{7}$$

$$k_3 = MOD_2(x_1, x_2, x_4) \tag{8}$$

3.1 Dekodierung der gesicherten Daten-Nibbles

Bei der Dekodierung der gesicherten Daten-Nibbles werden die Korrekturbits wieder von den Datenbits separiert und getrennt verarbeitet. Aus den vier empfangenen Datenbits werden nach den gleichen Bildungsvorschriften (s. Gl. (6)...(8)) wieder drei Korrekturbits generiert. Diese generierten Korrekturbits werden mit einer Exklusiv-Oder-Verknüpfung mit den empfangenen Korrekturbits verglichen und nach folgender Tabelle ausgewertet:

Ergebnis XOR			Auswertung	
$K_{XOR,2}$	$K_{XOR,1}$	$K_{XOR,0}$	Bedeutung	Fehlerbit
0	0	0	Kein Fehler	-
0	0	1	k_0 Fehler	4
0	1	0	k_1 Fehler	5
0	1	1	x_2 Fehler	2
1	0	0	k_2 Fehler	6
1	0	1	x_1 Fehler	1
1	1	0	x_0 Fehler	0
1	1	1	x_3 Fehler	3

Tabelle 1: Zuweisung der Bitfehler

Betrachtet man die Ergebnisse in Tabelle 1, so erkennt man deutlich, daß für genau einen Fehler in einem Datenbit (x_0 ... x_3) mindestens zwei oder sogar drei Kontrollstellen (k_0 ... k_2) Differenzen aufweisen. Fehler in Kontrollbits liegen jedoch nur einfach vor. Die Spalte der Fehlerbits gibt die jeweilige Position der fehlerhaften Bits an (vgl. Abb. 2).

4 Implementierung in die Datenübertragung

Ausgehend von einer 8-Bit-Datenübertragung werden die Datenbytes in 2 Daten-Nibbles separiert und jeweils um die erforderlichen drei Korrekturstellen erweitert. Das folgende Diagramm (Abb. 3) zeigt ein Standard-Telegramm einer seriellen Schnittstelle mit 1 Start-, 8 Daten-, 1 Paritäts- und 1 Stopbit im Vergleich zu einem gesicherten Telegramm, welches aus zwei 7-Bit-Telegrammen mit entsprechenden Start- und Stopbits besteht.

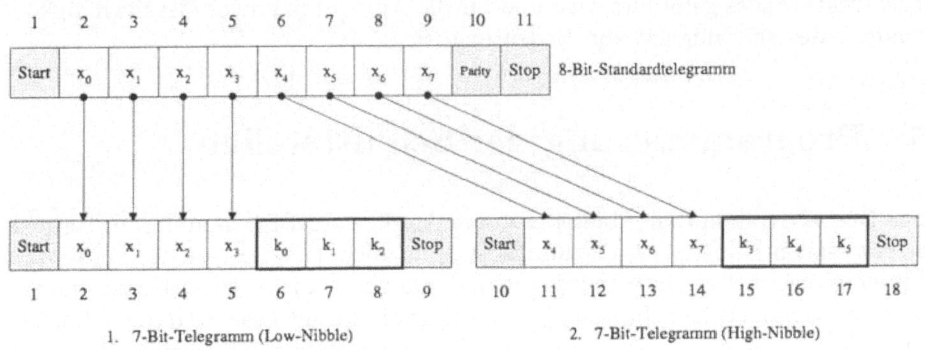

Abbildung 3: Vergleich der Telegramme

4.1 Vergleich der Telegramme

Der Vergleich der Telegramme zeigt ein Verhältnis von 11 Bits der Standard- zu 18 Bits der gesicherten Übertragung. Die zusätzlichen Korrekturstellen und Start-/Stopbits, welche für die asynchrone Datenübertragung unerläßlich sind, erzeugen somit ein etwa 63% größeres Datenaufkommen und damit eine entsprechend höhere, jedoch zeitlich gleichbleibende Übertragungsdauer. Im Gegensatz dazu zieht die Wiederholung des Standardtelegramms nach einem Paritätsfehler ein 100% größeres Datenaufkommen nach sich, welches zudem stochastisch verteilt und von der Fehlerhäufigkeit abhängig ist.

Im Gegensatz zur konventionellen Methode, also Fehlererkennung und Wiederholung nach dem Auftreten eines Fehlers, ist die zur Korrektur auf der Basis der Hamming-Kodierung erforderliche Zeit vorherbestimmbar und nur von der verwendeten Hard- bzw. Software abhängig. Der Nachteil der Methode liegt lediglich in der höheren Redundanz der Telegramme, wodurch natürlich die Übertragungsdauer der eigentlichen Nutzdaten steigt.

4.2 Blocksicherung

Das in Abb. 4 gezeigte Verfahren kombiniert Hamming-Kodierung und Blocksicherung. Hierdurch wird die Anzahl der korrigierbaren Bits pro Daten-Nibble auf mindestens zwei Bits und im Block auf mindestens vier Bits erhöht. Da das Blocksicherungsverfahren zweistufig ablaufen muß, kann der erste Korrekturvergleich unmittelbar nach der Übertragung der Daten-Nibbles (inkl. Sicherungsbits) erfolgen. Der zweite Korrekturvergleich (in vertikaler Richtung) ist jedoch erst nach vollständiger Blockübertragung möglich und verzögert somit die Übertragungszeit zusätzlich. Aus diesem Grunde sollte dieser Korrekturvergleich möglichst zeitoptimiert ablaufen.

Man erkennt in Abb. 4 sofort, daß die Blocksicherung einen sehr hohen redundanten Anteil von Korrekturstellen hat. Aus diesem Grunde eignet sie sich auch nur für Übertragungen, bei denen eine hohe Fehlererkennungs- bzw. Fehlerkorrekturquote gefordert wird und für die Anwendung nicht Geschwindigkeit, sondern Realzeitfähigkeit von Bedeutung ist.

5 Programmierung der Schnittstellen

Das Betriebssystem Linux bietet mehrere Ansätze zur Programmierung serieller Schnittstellen [3][6]. So ist es zum Beispiel möglich, entweder die in „termios.h“ implementierten Standardfunktionen und -variablen zur seriellen Kommunikation zu nutzen oder die Schnittstellenbausteine direkt mit Lese- und Schreibbefehlen, z.B. per *inb* oder *outw*, byte- bzw. wortweise zu programmieren. Weiterhin

Hamming-Bits | Daten-Nibble

k_{12}	k_{11}	k_{10}	x_{13}	x_{12}	x_{11}	x_{10}
k_{22}	k_{21}	k_{20}	x_{23}	x_{22}	x_{21}	x_{20}
k_{32}	k_{31}	k_{30}	x_{33}	x_{32}	x_{31}	x_{30}
k_{42}	k_{41}	k_{40}	x_{43}	x_{42}	x_{41}	x_{40}
k_{52}	k_{51}	k_{50}	k_{56}	k_{55}	k_{54}	k_{53}
k_{62}	k_{61}	k_{60}	k_{66}	k_{65}	k_{64}	k_{63}
k_{72}	k_{71}	k_{70}	k_{76}	k_{75}	k_{74}	k_{73}

2. Korrekturvergleich

1. Korrekturvergleich

Abbildung 4: Hamming-Kodierung mit Blockbildung

beinhaltet die für Linux frei erhältliche Realzeiterweiterung RT-Linux [4] eigene Funktionen zur Steuerung der seriellen Schnittstelle.

Bei unserem Entwurf haben wir uns für die in RT-Linux enthaltenen Funktionen zur Programmierung der seriellen Schnittstelle (UART) entschieden. Diese Funktionen bieten in Zusammenarbeit mit der Realzeiterweiterung RT-Linux eine Umgebung, die systembedingte Unterbrechungen (Interrupts) der Rechnerperipherie kontrollierbar macht. Durch diese Erweiterung ist ein kontinuierlicher, unterbrechungsfreier Betrieb der seriellen Schnittstelle erst möglich geworden.

Die Funktionen zur Datenmanipulation und Kodierung wurden selbst in der Programmiersprache C entwickelt und getestet. Abbildung 6 zeigt in einer Übersicht die Funktionsabläufe beim Senden und Empfangen von gesicherten Telegrammen. Bemerkenswert ist bei dieser Vorgehensweise anzumerken, daß im Empfangsbetrieb zunächst das 1. Telegramm konvertiert wird, bevor das 2. Telegramm empfangen wird. Dieses Vorgehen berücksichtigt die Tatsache, daß sich das Empfangsregister der seriellen Schnittstelle softwareunabhängig füllt und daher der Rechner zeitgleich die Konvertierung des ersten Telegramms vornehmen kann, um anschließend das Empfangsregister auszulesen.

Die selbstentwickelte Funktionsbibliothek läßt hierbei eine hohe Flexibilität bei der Anpassung an unterschiedliche Rahmenbedingungen, wie z.B. Übertragungsgeschwindigkeit, Telegrammrahmen oder auch Kodierungsmechanismen, zu.

5.1 Einbindung der Verfahren in RT-Linux

Mit der Realzeiterweiterung RT-Linux lassen sich Arbeitsabschnitte sehr gut auf Realzeit-Tasks abbilden. RT-Linux ordnet die Unterbrechungen der Standardperipherie den Prozeßunterbrechungen unter, so daß die realzeitfähige Ausführung von Programmen stets garantiert ist und unvorhersehbare Reaktionszeiten des Standard-Linux-Systems ausgeschlossen werden. Die Datenkommunikation zwischen RT-Tasks und Linux-Prozessen wird dabei über spezielle RT-FIFOs vorgenommen, die sich unter Linux wie normale Character-Devices ansprechen lassen.

Auf Grund dieser Eigenschaften stellt die frei verfügbare Realzeiterweiterung RT-Linux in Verbindung mit der Hamming-Kodierung eine ideale Plattform für ein realzeitfähiges, fehlertolerantes Kommunikationssystem für die serielle Datenübertragung dar.

6 Ergebnisse

Tests zur Datenübertragung wurden zwischen 2 Personalcomputern durchgeführt. Hierbei wurden Fehlerbits, zum Test der Hamming-Dekodierung, sowohl hard- als auch softwaremäßig eingespeist. Die softwaremäßige Einspeisung wurde durch präparierte Bitfolgen erzielt, die direkt in den Sendepuffer geschrieben wurden. Für die Hardwaretests wurde ein triggerbarer Funktionsgenerator so

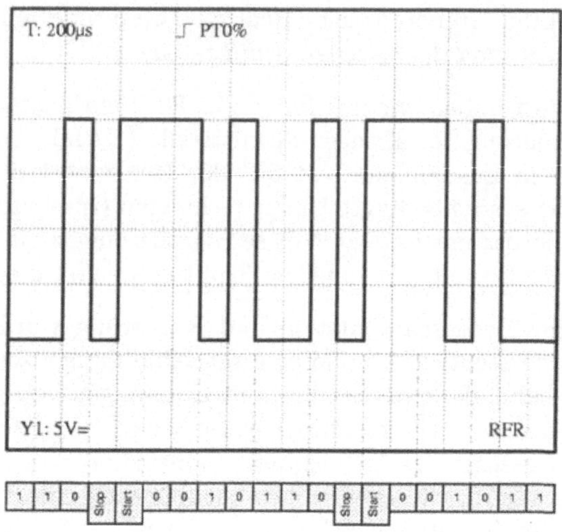

Abbildung 5: Signalfolge eines gesicherten Telegramms

eingestellt, daß er bestimmte Bits in der Signalfolge (Abb. 5) umkehren bzw. manipulieren konnte.

Im Empfänger wurden bei der gesicherten Datenübertragung alle 1-Bit-Fehler zuverlässig erkannt und korrigiert.

Bei der Blockübertragung wurden verschiedene Bitfehler-Kombinationen bzw. fehlerhafte Blöcke softwaremäßig simuliert und mit diesen die Dekodierung des Systems getestet. Hierbei stellten wir fest, daß zum horizontalen und vertikalen Korrekturvergleich weitere Korrekturvergleiche mit Plausibilitätsprüfung die Fehlerkorrektur verbessern konnten.

7 Weitere Implementierungsmöglichkeiten

Mit der vorgestellten Hamming-Kodierung lassen sich auch externe Kommunikationsbaugruppen mit relativ geringem Aufwand sehr einfach ausstatten. Auslesen eines EPROMs, in welchem sich der nur 128 Zeichen umfassende 7-Bit-Hamming-Kode recht einfach ablegen läßt, liefert das Ergebnis mit entsprechenden Korrekturvorschriften in einem einzigen – und zudem sehr schnellen – Arbeitsschritt. Somit ist eine gesicherte Kommunikation mit einfachen Feldgeräten nicht nur möglich, sondern auch kostengünstig realisierbar.

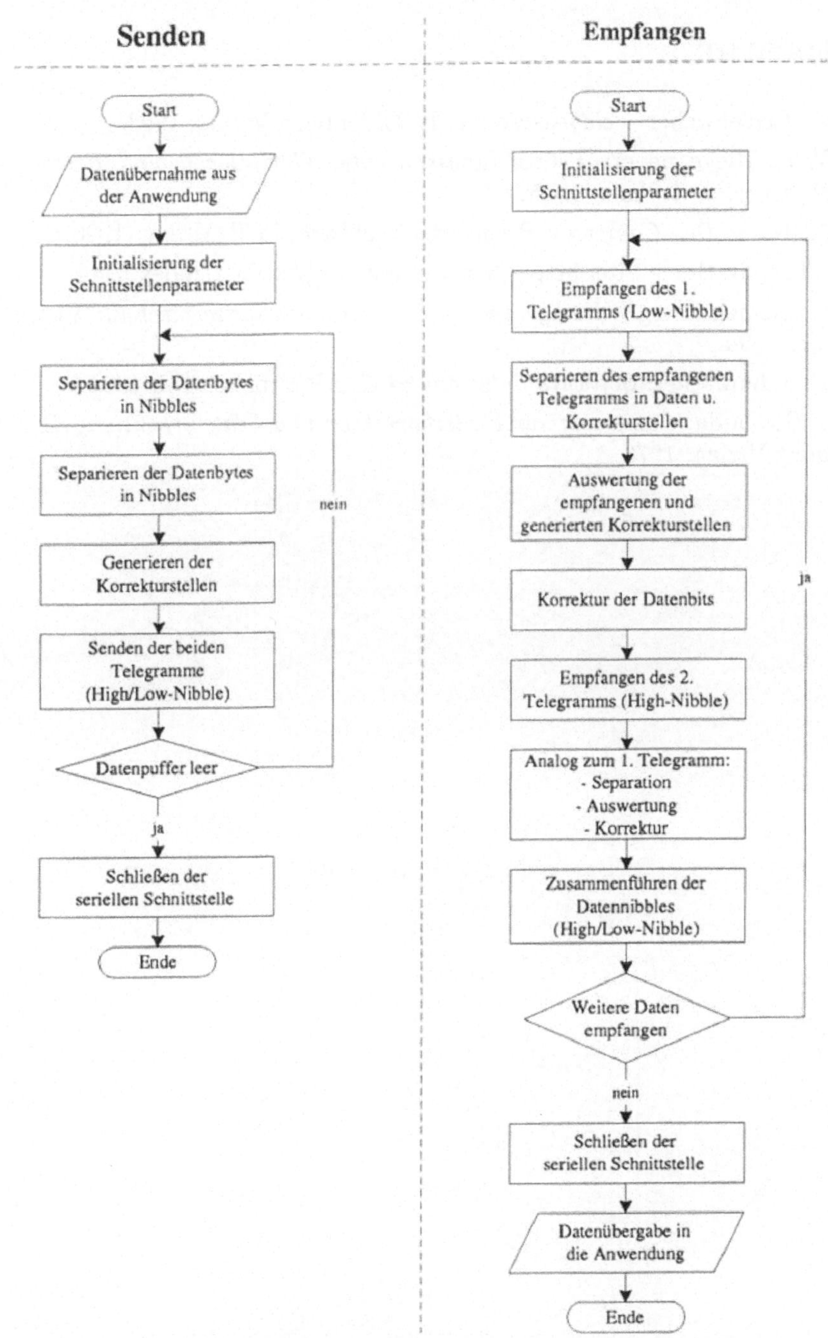

Abbildung 6: Ablaufdiagramme für Sende- und Empfangsbetrieb

Literatur

[1] B. Reißenweber: *Feldbussysteme.* R. Oldenburg Verlag, 1998.

[2] W.P. Riegelmayer: *Verkabelungskonzepte, Grundlagen und Praxis.* Vogel Buchverlag, 1. Aufl., 1995.

[3] A. Roth: *Das Computer-Peripherie-Kochbuch.* IWT-Verlag, 1990.

[4] RTLinux Home Site: http://www.rtlinux.org/rtlinux/index.html

[5] G. Schnell (Hrsg.): *Bussysteme in der Automatisierungstechnik.* Vieweg Verlag, 1994.

[6] D. Schumacher: *Software Solutions in C.* AP Professional, 1994.

[7] J. Swoboda: *Codierung zur Fehlerkorrektur und Fehlererkennung.* R. Oldenburg Verlag, 1973.

Orthogonale Walsh-Korrelation zur qualitativen Beurteilung der Reaktivität von Betriebssystemen

W. Gerth, B. Wolter

Institut für Regelungstechnik
Universität Hannover
Appelstraße 11
30167 Hannover
home page: http://www.irt.uni-hannover.de

Zusammenfassung. Möchte man herausfinden, ob sich ein bestimmtes Betriebssystem für die Bearbeitung eines gegebenen Problems, bei dem das Echtzeitverhalten des Steuerrechners und seiner Software eine entscheidende Rolle spielt, eignet, so bietet sich häufig eine recht unübersichtliche Datenlage. Als "Kenngröße" für eine vergleichende Bewertung der Reaktivität von verschiedenen Systemen wird dann meistens die Interrupt-Antwortzeit herangezogen, also die Zeit, die typischerweise vom Auftreten eines externen Ereignisses bis zu einer Reaktion des Systems verstreicht. Eine solche Bewertung allein anhand der Interrupt-Antwortzeit kann jedoch für den in der Regelungstechnik sehr häufig vorkommenden Fall der zyklischen Aktivierung einer Regler-Task nicht vollständig befriedigen. Hierbei ist es nämlich von besonderer Bedeutung, dass die Aktivierungen so genau wie möglich in einem äquidistanten Zeitraster erfolgen. Um diese Lücke bei den zur Verfügung stehenden Daten zu schließen, setzt sich das IRT mit der Entwicklung eines möglichst allgemeingültigen Messverfahrens zur Bewertung von Echtzeitsystemen auseinander, das auch den zyklischen Anwendungsfall angemessen berücksichtigt. Da es sich hier um periodische Vorgänge handelt, bietet sich eine spektrale Analyse der gemessenen Verläufe an. Dieser Beitrag stellt die dabei bisher erzielten Ergebnisse vor.

1 Einleitung

Zur Bewertung der Reaktivität von Echtzeitbetriebssystemen sind Begriffe wie "schnell", "sicher" oder "präzise" flink zur Hand und kein Anbieter von Betriebssystemen wird auf diese oder ähnliche "Qualitätsaussagen" verzichten wollen. Während jedoch bei jeder guten HiFi-Anlage zur Untermauerung von Qualitätsaussagen Datenblätter mit Kennkurven verfügbar sind - nach diesen Kennkurven hat der Hersteller sein Produkt normalerweise optimiert - sind solche Kenngrößen in der Welt der Echtzeit-DV bis heute nicht üblich. Es gibt allenfalls Angaben über "Reaktionszeiten", daneben haben sich Beiträge in der Vergangenheit zusätzlich mit den Streuungen solcher Reaktionszeiten befasst. So hat auch z.B. das hiesige Institut dazu mit [1] im Jahre 1992 einen Beitrag geliefert.

Im Zuge der von der DFG geförderten Forschergruppe "Struktur und Steuerung schneller Maschinen" war neben anderen Aufgaben auch die Struktur der reaktiven

Echtzeitdatenverarbeitung zu optimieren. Zu einer solchen wissenschaftlich begründeten Optimierung gehört nun aber zwangsläufig eine "Kennfunktion", an der unzweifelhaft mit einem Blick die Eigenschaft "besser" oder "schlechter" bei unterschiedlichen Anforderungsprofilen abzulesen ist. Genau dies leisten aber die bisherigen Kenngrößen - z.B. Reaktionszeit und deren Streuung - nicht: Ist das System nun besser, wenn es zwar eine kleinere Reaktionszeit, dafür aber eine größere Streuung besitzt?

In der Regelungstechnik und anderen Disziplinen sind zur Beschreibung der "Trägheit" von Systemen Frequenzgänge - genauer gesagt "Amplitudengang" und "Phasengang" - üblich. Erklärtes Ziel im Teilprojekt "4: Echtzeitsoft- und Hardware" der oben bezeichneten Forschergruppe war es, eine geeignete Kennkurve zu definieren und die Systemarchitektur dann nach diesem Kriterium auszumessen und anschließend zu optimieren. In diesem Beitrag werden die ersten Ergebnisse dazu vorgestellt.

2 Definition der Kennfunktionen

Die guten jahrzehntealten Erfahrungen mit den Frequenzgängen dynamischer Systeme und die Tatsache, dass auch Echtzeitsysteme verzögert und mit Abbildungsfehlern auf eine Eingangsstimulation an ihrem Ausgang reagieren, waren der Ausgangspunkt für den im folgenden beschriebenen "Walsh-Frequenzgang". Von vornherein war allerdings klar, dass Echtzeitsysteme hochgradig nichtlineare Übertragungseigenschaften haben und man von dieser neuen Art "Frequenzgang" nicht alle sonst üblichen Qualitäten erwarten durfte.

Zur Bestimmung des Walsh-Frequenzganges wird das zu testende Echtzeitsystem mit einer periodischen Impulsfolge bestimmter Frequenz angeregt und bekommt die Aufgabe, einen logischen Ausgangspegel bei jedem Triggerimpuls zu invertieren. Das zu testende Echtzeitsystem arbeitet damit quasi wie ein toggelndes Flip-Flop. Tatsächlich kann man mit der entwickelten Messanordnung also auch Flip-Flops ausmessen - was hier freilich nur ein interessanter Nebeneffekt ist. Am Systemausgang stellt sich eine Zeitfunktion ein, die nur die Werte 0 oder 1 annimmt. Folgende Qualitätseigenschaften gilt es zu bewerten:

a) erfolgt wirklich bei jedem Impuls eine Reaktion?
b) wie "verlässlich" ist das Zeitverhalten dieser Reaktion?
c) wie "verzögert" reagiert das System?

Es ist klar, dass bei Punkt a) das Auslassen von Reaktionen ("verschlafenes" Toggeln des Ausgangs) mit der Bewertung "unbrauchbar" zu bestrafen ist. Bei jedem System - auch beim Flip-Flop - gibt es logischerweise eine "Grenzfrequenz" oberhalb derer das System unbrauchbar wird. Der neudefinierte "Frequenzgang" kann also nur bis zu dieser Grenzfrequenz überhaupt aufgenommen werden. Interessant ist nun das Qualitätsmaß b) für die "Verlässlichkeit" der Reaktion: eine Skala von Null bis 100% bietet sich an, wobei der Idealfall mit 100% bewertet werden soll. Im diesem Idealfall ergibt sich - wenn auch zeitverschoben - am Ausgang eine exakte Walsh-Schwingung, allerdings mit verschobenem Mittelwert gegenüber der mathematischen Definition. Der

"Verlässlichkeitsgrad" der Systemreaktion DoR (Degree of Reliability) wird nun einfach durch den Signalanteil der idealen Walsh-Schwingung im tatsächlichen Signal definiert - und liegt damit wie gewünscht zwischen Null und 100%. Die Ermittlung dieses neuen Verlässlichkeitsgrades erfolgt mit Hilfe der im Folgenden beschriebenen orthogonalen Walsh-Korrelation, bei der im übrigen automatisch auch die mittlere Verzugszeit zu c) und das "Unbrauchbar"-Attribut zu a) mit abfallen.

Trägt man nun im "Verlässlichkeitsdiagramm" die Test-Frequenz horizontal und den Walshanteil vertikal auf, so ist die unstrittige Aussage "oberhalb bzw. rechts davon ist besser" für jedes Anregungsprofil mit einem Blick abzulesen. In einem zweiten Diagramm wird nun der Schräglauf s (skew) - das ist die auf die Triggerperiodenlänge bezogene mittlere Verzugszeit - im gleichen Frequenzmaßstab nach unten von 0 bis 1,0 (evtl. sogar auch noch leicht darüber, wenn Puffer vorhanden sind) aufgetragen. Auch dort gilt zwar "oberhalb ist besser" jedoch ohne eine Übersteuerung des DoR: ein verlässlich konstant verzögerndes System ist mit entsprechenden Methoden fast immer durch Algorithmen korrigierbar. Ein großer Schräglaufwert ist bei hoher Verlässlichkeit daher nicht unbedingt abträglich, sein genauer Wert kann allerdings regelungs- oder sicherheitstechnisch dennoch relevant sein. Auch kann er ein Indikator für die noch vorhandene Restkapazität des Prozessors sein.

Die beiden Diagramme "Verlässlichkeitsgrad DoR" und "mittlerer Schräglauf s" ergeben in Anlehnung an die herkömmlichen spektralen Betrachtungen dann gemeinsam den "Frequenzgang" des vermessenen Systems.

3 Walshfunktionen und Walshfrequenzgang

Das prinzipielle Vorgehen zur Bestimmung von DoR anhand der Walsh-Grundwelle ist in Abb. 1. dargestellt. Der Prozessrechner reagiert in Abb. 1. jeweils auf eine positive Flanke der Anregungs-Impulsfolge i(t) mit einem Toggeln seines Ausgangssignals x(t). Bei einem besonders verlässlichen System sollte sich die Reaktionsdauer für die einzelnen Impulse möglichst wenig von der durchschnittlichen Reaktionsdauer τ unterscheiden. Treten bei einzelnen Impulsen hingegen "Ausreißer" auf, so ist in dem Ausgangssignal x(t) ein "Jitter" zu beobachten, der als eine Einschränkung der Verlässlichkeit zu bewerten ist.

Mathematisch gelingt die Berücksichtigung solcher Fehler mit Hilfe einer gegenüber der Anregungs-Impulsfolge i(t) um die mittlere Reaktionsdauer τ verschobenen Walsh-Grundwelle $w(t-\tau)$. Zur Auswertung gemäß der Walsh-Definition ersetzt man zunächst die tatsächlichen Funktionen x(t) und $w(t-\tau)$, welche zwischen den Werten 0 und 1 wechseln, durch entsprechende Funktionen $x^*(t)$ und $w^*(t-\tau)$, welche bei 1 zwar den Wert 1 beibehalten, anstelle von 0 aber den Wert –1 annehmen. Anhand dieser Verläufe kann man den Anteil der Walsh-Grundwelle im Ausgangssignal x(t) – dies ist genau der gesuchte Verlässlichkeitsgrad DoR - durch Korrelation, also Produktbildung und Integration über n betrachtete Intervalle der Länge T angeben:

$$\mathrm{DoR} = \lim_{n\to\infty} \frac{1}{n\cdot T} \int_0^{n\cdot T} x^*(t)\cdot w^*(t-\tau)\,dt$$

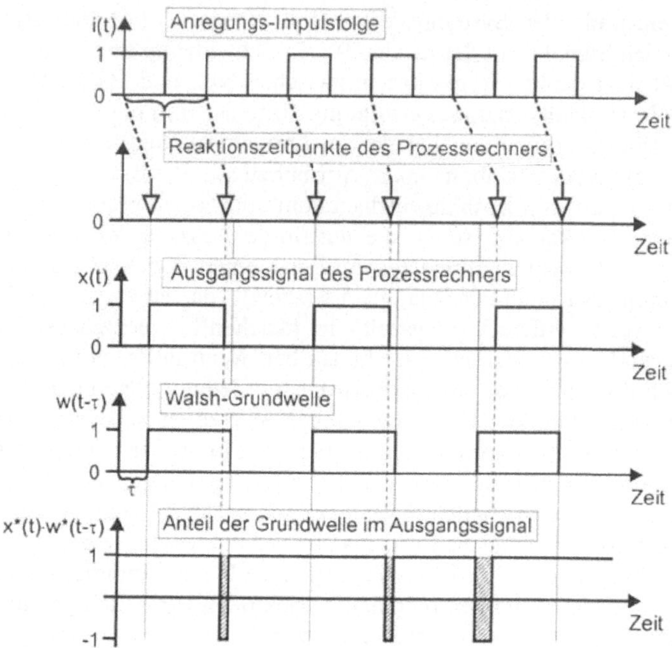

Abb. 1. Bestimmung des Verlässlichkeitsgrades DoR anhand der Walsh-Grundwelle

Bei einem idealen System entspricht das Ausgangssignal x(t) exakt seiner Walsh-Grundwelle w(t-τ). Das Produkt im Integral hat mithin stets den Wert 1, so dass sich DoR ebenfalls zu 1 ergibt, was dem Idealwert von 100% entspricht. Arbeitet das System aber weniger verlässlich, so können für die einzelnen Impulse unterschiedliche Reaktionszeiten entstehen. In Abb.1. sind für drei Impulse solche Abweichungen vom idealen Verlauf dargestellt, wobei der entstehende Fehl-Anteil in x*(t)·w*(t-τ) schraffiert hervorgehoben ist. DoR ergibt sich dann nicht mehr zu 1 sondern weicht nach unten von 100% ab. Bei völlig regellosem Verhalten oder wenn gar keine Reaktion des Rechners mehr stattfindet (x(t) ist dann konstant 0 oder konstant 1) nimmt DoR den Wert 0 an und zeigt damit an, dass der vermessene Rechner zur Verarbeitung von Vorgängen mit der jeweils eingestellten Frequenz unbrauchbar ist. Verpasst der Rechner gelegentlich einzelne Interrupts, so ist das Ergebnis für DoR bei genügend vielen Messperioden ebenfalls 0.

Mathematisch könnte DoR auch Werte zwischen –1 und 0 annehmen. Bei dem hier vorgeschlagenen Verfahren deuten negative Werte von DoR jedoch auf eine fehlerhafte Bestimmung von τ hin. Da τ selbst aber ebenfalls ein Ergebnis der im Folgenden näher erläuterten Messung ist, ist dieser Fall hier nicht von Belang.

4 Orthogonale Korrelation

Untersucht man das Vorgehen zur Bestimmung von DoR etwas genauer, so stellt man fest, dass sich bereits kleine Abweichungen der für w(t-τ) verwendeten Reaktionsdauer τ von der tatsächlichen mittleren Reaktionsdauer direkt in einer Verschlechterung des gemessenen Wertes für DoR niederschlagen. Da diese Degradation aber keine Eigenschaft des vermessenen Systems wäre, sondern ausschließlich auf einen Fehler im Messverfahren beruhen würde, sollte das Verfahren so gestaltet sein, dass dieser Fehler nicht auftreten kann. Eine Möglichkeit, dies zu erreichen, ergibt sich aus einer "orthogonalen Korrelation".

Das Ausgangssignal des Rechners x(t) wird dabei nicht nur mit dem Signal $w(t-\tau)$ korreliert sondern zusätzlich mit einer dazu orthogonalen Walsh-Funktion $w(t-\tau-T/2)$. Stellt τ nun tatsächlich exakt den Mittelwert der Reaktionsdauer dar, so ergibt sich die Korrelation von x(t) mit dieser orthogonalen Walsh-Funktion genau zu 0. Aus dieser Tatsache ergibt sich eine (vorläufige) Messvorschrift: τ ist so einzustellen, dass die Korrelation mit der orthogonalen Funktion zu 0 wird. DoR nimmt dann den gewünschten maximal möglichen Wert an und dieses DoR sowie das eingestellte τ können als Messergebnis für die verwendete Frequenz aufgenommen werden.

Beim Aufbau einer entsprechenden Messanordnung gestaltet es sich allerdings schwierig, eine frei einstellbare Verschiebung τ zwischen der Anregungs-Impulsfolge i(t) und der verschobenen Walshgrundwelle $w(t-\tau)$ zu realisieren. Mit Hilfe der orthogonalen Walsh-Funktion ergeben sich aber alternative Möglichkeiten für die Auswertung. Insbesondere ist es möglich, die Korrelationsergebnisse des Signals x(t) mit zwei zueinander orthogonalen Funktionen als Real- und Imaginärteil zu interpretieren. Abb. 2. zeigt die nun miteinander zu korrelierenden Verläufe.

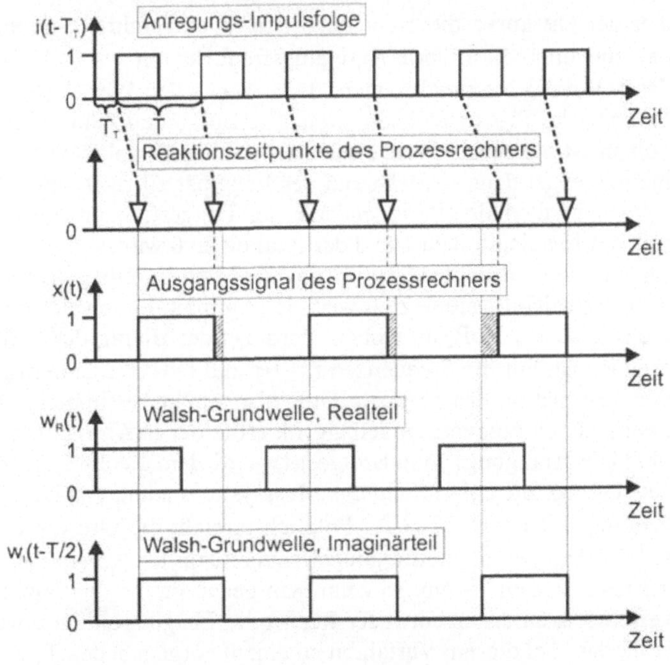

Abb. 2. Ansatz zur orthogonalen Korrelation

Die in Abb. 2. angegebene Totzeit T_T zwischen $w_R(t)$ und $i(t-T_T)$ sei im Folgenden zunächst zu Null angenommen. Bildet man nun zu den angegebenen Verläufen x(t), $w_R(t)$ und $w_I(t-T/2)$ wieder die entsprechenden Funktionen x*(t), w_R*(t) und w_I*(t-T/2), die zwischen −1 und 1 wechseln, so ergeben sich der Realteil Re und der Imaginärteil Im von x(t) zu

$$\mathrm{Re} = \lim_{n\to\infty} \frac{1}{n \cdot T} \int_0^{n \cdot T} x^*(t) \cdot w_R^*(t)\,dt \quad \text{und} \quad \mathrm{Im} = \lim_{n\to\infty} \frac{1}{n \cdot T} \int_0^{n \cdot T} x^*(t) \cdot w_I^*(t - T/2)\,dt \cdot$$

Bestimmt man Real- und Imaginärteil auf diese Weise für ein ideales System, das auf jeden Impuls mit einer konstanten Verzögerung τ reagiert, bei Anregungsfrequenzen von 0 bis 1/τ, so entsteht in der komplexen Ebene die folgende Ortskurve:

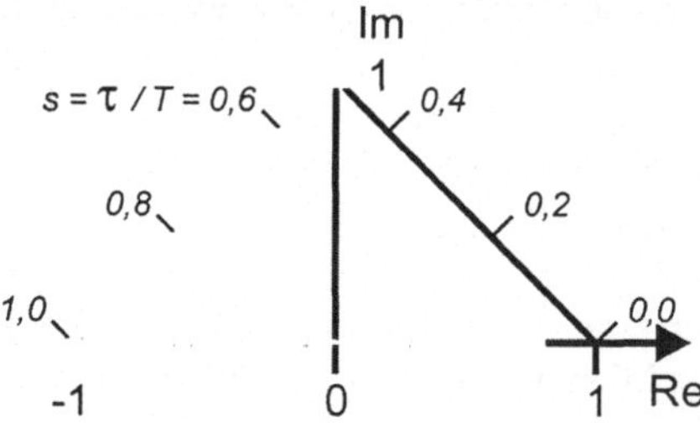

Abb. 3. Ortskurve der Walsh-Anteile bei verschiedenen Anregungs-Frequenzen

Als Parameter der Ortskurve dient der oben bereits eingeführte Schräglauf s, der sich hier auch als die auf 1/τ normierte Anregungsfrequenz mit s = (1/T) / (1/τ) = τ/T interpretieren lässt. Bei der Maximalfrequenz 1/τ nimmt s den Wert 1 an. Das bedeutet, dass die Reaktion des Prozessrechners immer genau zu den Zeitpunkten am Ausgang zu beobachten ist, zu denen bereits der nächste Impuls folgt. Der Realteil des Korrelationsergebnisses ist dann −1, während der Imaginärteil zu 0 wird. Bei s = 0,5 verstreicht entsprechend die halbe Periodendauer der Triggerfrequenz bis der Rechner reagiert, wodurch der Imaginärteil zu 1 und der Realteil zu 0 wird.

Interessant für unsere Verlässlichkeitsmessung sind nun jeweils genau diese Punkte, an denen einer der beiden Anteile zu 0 wird. Hier nimmt der jeweils andere Anteil nämlich genau das gesuchte DoR an, wobei allerdings der Betrag des verbleibenden Anteils zu verwenden ist. Für die Frequenzen f = 1/τ und f = 0,5/τ kann man mit Hilfe der orthogonalen Korrelation das gesuchte DoR also direkt bestimmen. Die Ermittlung von DoR bei anderen Frequenzen gelingt mit Hilfe der in Abb. 2. bereits enthaltenen Totzeit T_T. Die Anregungs-Impulsfolge i(t) wird dem Rechner jetzt erst nach Verstreichen von T_T zugeführt. Aus Sicht des Messsystems addiert sich seine gesamte mittlere Verzögerungszeit damit zu $\tau+T_T$. Folglich erreicht die Ortskurve den Punkt mit dem Realteil 0 schon bei einer Anregungsfrequenz von $f = 0{,}5/(\tau+T_T)$. Stellt man nun jeweils eine feste Totzeit T_T ein, so kann man genau die beiden Punkte des Frequenzganges vermessen, an denen entweder Real- oder Imaginärteil zu 0 werden. Der Vorteil liegt darin, dass bei diesem Verfahren zu einem vorgegebenen T_T zwar jeweils eine passende Anregungsfrequenz eingestellt werden muss, eine frei einstellbare Verschiebung τ zwischen i(t) und w(t-τ) aber nicht notwendig ist. Genau diesen Sachverhalt macht sich die im Folgenden beschriebene Messanordnung zu Nutze.

5 Die Messanordnung

Um bei Verzögerungszeiten in der Größenordnung weniger Mikrosekunden noch ein Jittern vermessen zu können, bedarf es einer speziellen Messanordnung. Abb. 4 zeigt den eigens für diesen Zweck aufgebauten "Walsh-Korrelator".

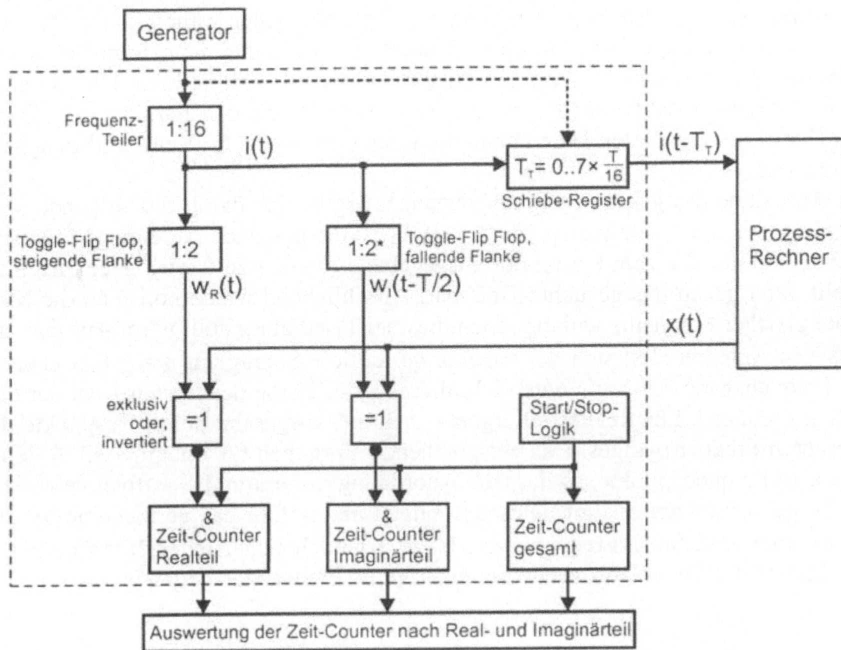

Abb. 4. Aufbau des Walsh-Korrelators zur Messung des Verlässlichkeitsgrades DoR

Ein extern angeschlossener Funktionsgenerator liefert zunächst ein Rechtecksignal mit der 16-fachen Frequenz der gewünschten Anregungsimpulsfolge. Ein in dem Korrelator enthaltener Frequenzteiler erzeugt daraus das gewünschte i(t). Mit Hilfe eines Schiebe-Registers, das mit der Generator-Frequenz getaktet wird, lässt sich die Totzeit T_T zwischen 0 und 7/16 T mit einer Schrittweite von T/16 einstellen. Der Ausgang des Schiebe-Registers, also das Signal $i(t-T_T)$, geht dann an den zu vermessenden Prozessrechner. Ein wichtiger Nebeneffekt der Frequenzteilung besteht darin, dass der Duty-Cycle des Funktionsgenerators für die eigentliche Messung bei diesem Vorgehen keine Rolle spielt – ein Fehler an dieser Stelle würde das Messergebnis sonst verfälschen. Aus dem selben Grunde ist es notwendig, das Schiebe-Register aus dem selben Muttertakt zu speisen wie das Messsignal. Auch hier würde sonst ein Jittern entstehen, das nicht aus dem vermessenen Rechner stammt.

Der Ausgang des Frequenz-Teilers i(t) geht intern auf zwei Toggle-Flip Flops. Das erste Flip Flop reagiert jeweils auf die steigende Flanke von i(t) und liefert somit das für den Realteil notwendige $w_R(t)$. Das zweite Flip Flop reagiert hingegen auf die fallende Flanke und liefert das für den Imaginärteil benötigte $w_I(t-T/2)$. Für die Korrelation müssen diese beiden Signale (wie oben erläutert auf –1/1 umgesetzt) nun jeweils mit der Antwort des Prozessrechners x(t) multipliziert werden. Da alle drei Signale nur die Zustände 0 und 1 annehmen können, kann die Multiplikation durch ein invertiertes "exklusiv oder"-Gatter ersetzt werden: sind beide Signale am Eingang gleich, so liefert das Gatter ein logische 1 - sind sie ungleich, liefert es den Wert 0.

Die Ausgänge dieser Gatter dienen schließlich zum Ein- und Ausschalten von Zeit-Countern, die intern mit 50 MHz getaktet sind. Neben den beiden Countern für Real- und Imaginärteil läuft ein dritter Counter zur Ermittlung der während der Messung insgesamt verstrichenen Zeit. Alle drei Counter sind mit einer Start/Stop-Logik verbunden, um eine Messung synchron beginnen und beenden zu können. Die bei einer Messung erreichten Zählerstände gibt der Korrelator über einen Parallelport z.B. an einen PC aus, der aus diesen Daten dann die gesuchten Werte für Real- und Imaginärteil berechnet.

Zur Aufnahme des gesuchten Frequenzganges ergibt sich damit das folgende Vorgehen: für jeden der einstellbaren Werte von T_T ist die passende Anregungs-Frequenz zu suchen, bei der der vom Korrelator ausgegebene Realteil zu 0 wird. Der Imaginärteil stellt dann genau das gesuchte DoR dar. Anschließend wiederholt man die Messung bei gleicher Frequenz, wobei jedoch diesmal $T_T = 0$ eingestellt wird. Aus den nun gemessenen Anteilen lässt sich der zugehörige mittlere Schräglauf $s = \tau/T$ errechnen. In der Frequenzgang-Analogie entspricht dieses s der Phase des Systems bei der eingestellten Frequenz. Für Realteil=0 ergeben sich hier insgesamt acht Messpunkte des gewünschten Frequenzganges. Das entsprechende Vorgehen für Imaginärteil=0 liefert weitere acht Frequenzpunkte, so dass die Anordnung insgesamt die Aufnahme von bis zu 16 Frequenzpunkten erlaubt. Dies gilt jedoch nur, sofern das vermessene System auch bei einer Anregungs-Frequenz von $1/T = 1/\tau$ noch sicher jeden Interrupt verarbeitet. Anderenfalls geht DoR schon bei niedrigeren Frequenzen gegen 0.

6 Messwerte verschiedener Softwarestrukturen im Vergleich

Um die Aussagefähigkeit des neuen Messverfahrens zu überprüfen, haben wir die beschriebene Messung auf verschiedene Softwarestrukturen angewandt, wobei wir zur besseren Vergleichbarkeit stets den selben Prozessrechner, ein MVME-1600-Board mit 604 PowerPC-Prozessor verwendet haben. Abb. 5 zeigt die Ergebnisse. Jede einzelne Messung umfasst hier etwa 30 Sekunden, was z.B. bei einer Anregungsfrequenz von 10 kHz zu n = 300.000 ausgewerteten Intervallen führt.

Unter 1. ist zunächst eine SPS-Struktur vorgesehen, deren Zykluszeit mit 1ms angesetzt ist. Jenseits einer Anregungsfrequenz von 0,5 kHz kann diese Struktur nicht mehr jeden Wechsel in i(t) erfassen. Ihr Frequenzgang ist in Abb. 5 daher links im Bild als fast senkrechter Strich zu erkennen. Wie man sieht, ist eine solche Struktur nicht für Probleme geeignet, bei denen die Reaktivität des Systems besonders im Vordergrund steht. Die SPS ist hier deshalb auch nur als Vergleich anzusehen, während das Messverfahren vorwiegend auf ausgewiesene Echtzeitbetriebssysteme abzielt.

Unter 2. ist ein solches Standard-Betriebssystem mit Hintergrundlast untersucht worden. Die Last besteht aus mehreren niederprioren Tasks, die sich zeit- und eventgesteuert gegenseitig einplanen. Eine der Hintergrundtasks erzeugt regelmäßig I/O-

Aufträge (hier: RAM-Disk), welche zu Supervisor-Aktionen des Betriebssystems führen. Die Reaktion auf das externe Ereignis, also das Toggeln von x(t) erledigt eine Task mit der höchst möglichen User-Priorität jeweils auf einen PEARL-Event hin, der von der positiven Flanke von i(t) getriggert wird. Man erkennt, dass DoR bei einer Frequenz von 20 kHz schon unter 80% gesunken ist und kurz darauf gegen 0 geht, das System also Interrupts "verliert". Der Grund dafür besteht darin, dass die Systemdienste (I/O) offenbar gelegentlich so lange laufen, dass die "Toggle-Task" vor einer späteren, weiteren Aktivierung noch nicht zum Zuge gekommen ist.

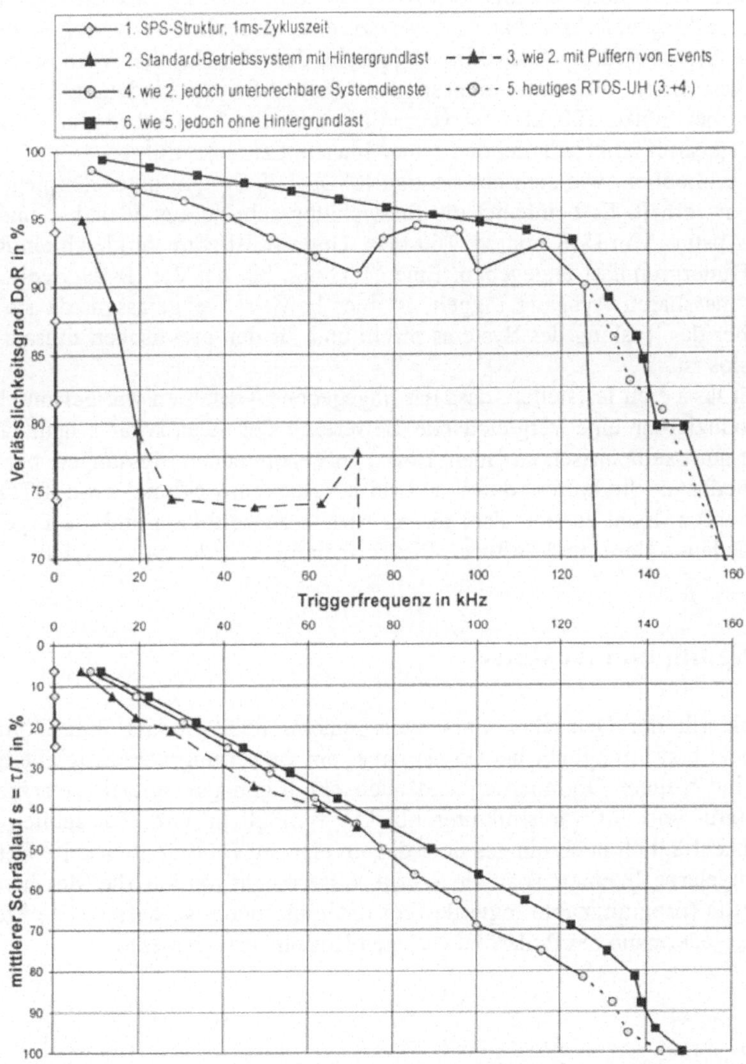

Abb. 5. Frequenzgang der Reaktivität bei verschiedenen Software-Strukturansätzen

Eine Erweiterung dieses Systems stellt das unter 3. gezeigte System dar: es kann (wie in PEARL-Systemen als Option zugelassen) mehrere Events "puffern", wenn die auf den Event eingeplante Task noch nicht zur Verfügung steht. Bei sonst gleichem Verhalten zu 2. sind hier Trigger-Frequenzen bis ca. 70 kHz zu erreichen, bevor Aktivierungen verloren gehen. Bei 70 kHz ist sogar eine Verbesserung von DoR zu beobachten. Dies beruht vermutlich darauf, dass der Context-Switch zur Idle-Task bei dieser Frequenz nicht mehr stattfindet und sich dadurch wieder ein "geordneteres" Verhalten ergibt.

Das System zu 4. unterscheidet sich zu 2. dadurch, dass Systemdienste (hier I/O) jetzt durch Tasking unterbrechbar sind, was zu einer erheblich verbesserten Verlässlichkeit des Systems führt. Auch hier ist jenseits der 70 kHz eine Verbesserung zu erkennen, was erneut auf einen eingesparten Context-Switch hindeutet. Die "Resonanz-Delle" bei genau 100 kHz ist vermutlich auf eine Interferenz mit dem unter RTOS-UH stets mit 20 kHz laufenden Timer-Interrupt zurückzuführen.

5. zeigt schließlich, wie sich das heutige RTOS-UH-System unter den gegebenen Bedingungen verhält. Es beinhaltet die Entwicklungsschritte aus 3. und 4. und zeigt damit den Absturz von DoR erst bei 160 kHz. Unter 6. ist zum Vergleich ein RTOS-UH ohne Hintergrundlast angegeben. Eine Messung, bei der die IR-Service-Routine selbst den messbaren Ausgang toggelt, ist hier bewusst weggelassen, da sie keine Aussage über das Tasking des Systems macht und für den praktischen Einsatz somit bedeutungslos ist.

Als Fazit lässt sich feststellen, dass das angegebene Verfahren wie gewünscht und exakt reproduzierbar eine vergleichende Bewertung der Reaktivität erlaubt. Neben den vorerst nur exemplarisch an einem Board vorgenommenen Messungen, bei denen die verschiedenen Strukturen durch teilweise "Rückentwicklung" von RTOS-UH simuliert wurden, lohnt es sich also, diesen Ansatz zu verfolgen und die Ergebnisse von verschiedenen Hard- und Software-Plattformen miteinander zu vergleichen.

7 Danksagung und Ausblick

Unser Dank gilt der Deutschen Forschungsgemeinschaft, die mit ihrer Förderung dieses Projekt erst ermöglicht hat. Es ist dabei ein Bewertungswerkzeug entstanden, mit dem eine weitere Optimierung und auch ein Eignungsvergleich verschiedener reaktiver Hard- und Softwarestrukturen objektiv ermöglicht wird. Tatsächlich haben wir selbst nachträglich noch einiges über das im eigenen Hause entwickelte Betriebssystem dazugelernt. In einem späteren Schritt soll versucht werden, die Messhardware in einem PLD (programmable logic device) unterzubringen, so dass solche Messungen dann für jedermann bei Bedarf zu geringen Kosten verfügbar sind.

Literatur

1. T. Lilge und C. Gralla: "Drei Echtzeitsysteme für die digitale Regelung im Vergleich", Echtzeit 1992

OSEK/VDX-OS – Betriebssystemstandard für Steuergeräte in Kraftfahrzeugen

Jochen Schoof

Geschäftsfeld OSEK
3SOFT GmbH
Wetterkreuz 19a
D-91058 Erlangen

1 Einleitung

Die Automobilindustrie hat sich in den vergangenen Jahren zu einem der wesentlichen Einsatzfelder von Echtzeitanwendungen für eingebettete Systeme entwickelt. Von diesen Geräten sind gegenwärtig zwischen zwanzig und achtzig in einem Kraftfahrzeug zu finden. Handelte es sich hierbei lange um Geräte mit fest verdrahteter Funktionalität, so spielt inzwischen die Applikationssoftware eine überragende Rolle, da bis zu einem sehr späten Entwicklungszeitpunkt funktionale Änderungen realisiert werden können.

Bereits 1993 erkannte die Automobilindustrie die Notwendigkeit, neben den bereits etablierten Hardware-Standards auch Software-Standards für diese Geräte zu schaffen. Hauptbeweggrund war die Verbesserung der Qualität der Applikationssoftware bei gleichzeitiger Senkung der Entwicklungskosten. Ziel der damals gegründeten Initiative waren die Definition von Standards für ein Betriebsystem und eine Kommunikationsbibliothek, die den besonderen Anforderungen der Branche Rechnung tragen. Das Programm wurde zum Namen: „Offene Systeme und deren Schnittstellen für die Elektronik in Kraftfahrzeugen" – kurz OSEK.

2 Entstehung des OSEK/VDX-Standards

Gründungsmitglieder der Initiative waren zum einen die großen deutschen Automobilhersteller (Daimler-Benz, Volkswagen, Opel und BMW), die beiden bedeutensten Zulieferer (Siemens und Bosch) sowie das Institut für industrielle Informationstechnik der Universität Karlsruhe. Schon nach einem Jahr fand der Zusammenschluss mit der französischen Initiative Vehicle Distributed Executive (VDX) statt, so dass aus OSEK nunmehr OSEK/VDX wurde. Gleichzeitig wurden die Aktivitäten auf eine europäische Ebene gehoben. Inzwischen hat OSEK/VDX bedingt durch zahlreiche Fusionen, Beteiligungen und Kooperationsverträge weltweite Bedetung erlangt.

Die ersten Spezifikationen von OSEK/VDX wurden 1995 vorgestellt. Neben dem eigentlichen Betriebssystem (OSEK/VDX-OS) und dem Kommunikationspaket (OSEK/VDX-COM) wurde noch ein Netzmanagement (OSEK/VDX-NM) festgelegt. Mit der Zeit kam noch die Definition der OSEK/VDX-Beschreibungssprache OSEK Implementation Language (OIL) hinzu. Seit Juli 2000 liegen alle diese Spezifikationen in neuen Versionen vor (siehe [OSEK00b]). Gleichzeitig arbeitet eine Task Force an der Übernahme der Spezifikationen als offizielle ISO-Norm.

Während OSEK/VDX-OS in seiner aktuellen Version 2.1 in den folgenden Kapiteln näher beschrieben wird, sollen die übrigen Bestandteile des Gesamtpakets an dieser Stelle nur kurz vorgestellt werden.

OSEK/VDX-COM 2.2 stellt ein nachrichten-orientiertes Kommunikationspaket dar, dass den Informationsaustausch zwischen einzelnen unter OSEK/VDX-OS arbeitenden Geräten erlaubt. Es ist vollständig unabhängig von der darunter liegenden Hardware definiert und schafft eine abstrakte Schnittstelle für den Anwender. OSEK/VDX-NM 2.5.1 setzt in der Regel auf dem COM-Paket auf. Seine wichtigste Aufgabe ist es, den Zustand des gesamten Steuergerätenetzes zu ermitteln, den einzelnen Geräten Informationen darüber anzubieten und gegebenenfalls spezielle Aktionen zu ergreifen. Hier wird beispielsweise erkannt, ob es möglich ist, eine generelle Busruhe einzuleiten.

Bei OSEK/VDX-OIL 2.2 handelt es sich schließlich um eine spezielle Sprache zur Beschreibung der in einem Steuergerät benötigten Betriebssystemdienste. Zusammen mit dem eigentlichen Quellcode der Applikation wird diese Datei benutzt, um ein ausführbares Programm zu erzeugen. Die Rolle von OIL wird bei der Beschreibung des Betriebssytems und seiner Besonderheiten noch deutlich werden.

3 OSEK/VDX-OS Charakteristika

OSEK/VDX-OS ist ein statisches, konfigurierbares und echtzeitfähiges Betriebssystem. Es ist als ein statisches System anzusehen, weil es keine Unterstützung zur dynamischen Erzeugung und Verwaltung von Betriebsmitteln gibt. Ein für vier Tasks geeignetes System kann nur mit vier Tasks umgehen. Wird eine fünfte Task benötigt, ist der entsprechende Betriebssystemkern neu zu generieren, da der bisherige keine zusätzliche Task verwalten kann. Was sich auf den ersten Blick unpraktisch und wenig flexibel anhört, ist in Wirklichkeit eine der großen Stärken von OSEK/VDX: Es wird nicht einfach ein Systemkern benutzt, der alle etwaigen Worst-Case-Fälle abdecken kann, sondern ein individuell auf die jeweilige Anwendung abgestimmter Kernel. Dadurch ist es möglich, erhebliche Optimierungspotenziale auszuschöpfen. Zum Beispiel können praktisch alle Verwaltungsstrukturen in Form statischer Tabellen angelegt werden.

Um die beschriebene Anpassung des Betriebssystems an die einzelne Anwendung zu unterstützen, ist ein Konfigurationswerkzeug erforderlich. Mit Hilfe dieses Tools wird die aktuelle Applikation im Hinblick auf die von ihr benötigten Betriebsmittel beschrieben. Die erfassten Daten können in der bereits erwähnten Beschreibungssprache OIL gespeichert werden. So sind im Laufe der Entwicklung erforderliche Anpassungen leicht durch Verändern der alten Konfiguration möglich. Da es sich bei OIL ebenfalls um einen Standard handelt, sind alle in der entsprechenden Spezifikation beschriebenen Attribute zwischen verschiedenen Implementierungen portabel. Anpassungen sind ledigich bei den plattformspezifischen Erweiterungen erforderlich.

Auf Basis der Konfiguration ist auch die Generierung eines speziell auf diese Daten abgestimmten Kernels möglich. Dieser kann dann zusammen mit dem eigentlichen Applikationscode übersetzt und zu einem ausführbaren Programm gelinkt werden.

Die Spezifikation beschreibt OSEK/VDX-OS als ein Echtzeit-Betriebssystem. Gleichzeitig besteht von Seiten der Automobilhersteller die Forderung, die Hardware am durchschnittlichen Ressourcenverbrauch eines Gerätes auszurichten. Daher bringt OSEK/VDX-OS Echtzeitfähigkeit mit, verfügt aber nicht über Mechanismen um die Einhaltung von Echtzeitanforderungen durchzusetzen. Hier ist die Sorgfalt des Programmierers gefordert.

4 Betriebsmittel

OSEK/VDX-OS beschränkt sich auf die Unterstützung der grundlegenden Betriebsmittel. Zentrale Elemente sind Tasks als Prozess-Äquivalent, die quasiparallele Funktionsabläufe erlauben und daher Mechanismen zur Synchronisation und Signalisierung zwischen den Tasks erfordern. Darüber hinaus ist ein zweistufiges Konzept zur Realisierung zeitabhängiger Dienste vorgeschrieben. Der Ansatz ist dabei so abstrakt gehalten, dass auch ein Einsatz für andere Zwecke in Frage kommt. Schließlich gibt es noch Basis-Funktionen für Messaging und Unterstützung bei der Ermittlung von Fehlern.

4.1 Tasks

Applikationen werden unter OSEK/VDX in Form einer oder mehrerer Tasks realisiert. Jede Task kann sich in einem von vier möglichen Zuständen befinden. Beim Systemstart ist der Zustand jeder Task *suspended.* Erst durch Aktivierung – z.B. aus einer anderen Task oder durch einen Interrupt – wird in den Zustand *ready* gewechselt. Damit wird die Task dem Scheduler als ablauffähig bekannt gemacht. Gelangt sie tatsächlich zur Ausführung, geht sie in den Zustand *running* über. Dieser kann auf drei Arten verlassen werden: Beendet sich die Task, so fällt sie nach *suspended* zurück, will sie auf ein Ereignis warten wechselt sie nach *waiting* an und wird ihr vom Scheduler der Prozessor entzogen ist sie wieder *ready.* Die Beendigung einer Task ist nur durch sie selbst möglich. Es gibt keine Möglichkeit andere Tasks zu beenden. Der Zustand *waiting* hat den Vorteil, dass die Task bis zum Eintreten des Ereignisses keinerlei CPU-Last erzeugt. OSEK/VDX unterscheidet zwischen Tasks mit der vollen beschriebenen Funktionalität (Extended Tasks) und solchen, die keinen Zustand *waiting* besitzen (Basic Tasks).

Um zwischen allen Tasks im Zustand *ready* diejenige auswählen zu können, die als nächste ausgeführt werden soll, stützt sich der Scheduler auf die vom

Programmierer vergebenen Prioritäten der Tasks. Dabei handelt es sich um feste Werte, die während des gesamten Ablaufs der Applikation nicht verändert werden. Unter allen ablauffähigen Tasks wird immer diejenige mit der höchsten Priorität zur Ausführung ausgewählt. Wann der Scheduler in Aktion tritt, wird von der Wahl der Schedulingstrategie beeinflusst. Hier unterstützt OSEK/VDX drei Modi: non-preemptive, full-preemptive und mixed. Im non-preemptive Modus sind Tasks nicht durch andere Tasks unterbrechbar. Sie laufen vielmehr so lange, bis sie sich entweder beenden oder durch Warten auf ein Ereignis auf die CPU verzichten. In der full-preemptive Betriebsart ist jede Task durch eine andere task höherer Priorität unterbrechbar. Das bedeutet, dass zu jedem Zeitpunkt die ausführbare Task mit der höchsten Priorität läuft. Da diese beiden Modi durch das systemweit gleiche Verhalten nicht sehr flexibel sind, ist es im Modus mixed möglich, das Verhalten jeder einzelnen Task individuell festzulegen.

Zur Definition von Tasks schreibt OSEK/VDX eine Erweiterung von C vor, die über Makros realisiert werden kann. In einer Task gelten dabei die gleichen Sichtbarkeitsregeln wie in einer Funktion. Die Übergabe von Parametern an eine Task ist jedoch nicht möglich. Das folgende Beispiel veranschaulicht die Definition von Tasks. Es stellt gleichzeitig die kürzeste mögliche OSEK/VDX-Applikation dar.

Beispiel

```
DeclareTask(MyTask);  /* Deklaration der Task   */

TASK(MyTask)
{
  /* Anweisungen */

  TerminateTask();     /* Task wieder beenden    */
}
```

4.2 Interrupt Service Routinen

Interrupt Service Routinen (ISR) werden unmittelbar durch Interrupt Requests (IRQ) der Hardware angestoßen. In betriebssystemlosen Applikationen stellen sie die einzige Möglichkeit dar, einen sonst festen Applikationsablauf zu unterbrechen. Auch unter OSEK/VDX wird durch ISRs jede Task unterbrochen. Sie spielen aber eine deutlich geringere Rolle, da durch die Priorisierung und dynamische Aktivierung von Tasks andere Mechanismen zur Veränderung des Ablaufs vorhanden sind.

OSEK/VDX kennt drei Kategorien von ISRs. Die erste läuft ohne Kenntnis des Betriebssystems und ohne irgendwelche Möglichkeiten der Synchronisation mit diesem ab. In dieser Form verhalten sie sich so, als gäbe es kein Betriebssystem. Die Kategorie zwei ist dem Betreibssystem bekannt, das vor der Ausführung der Routine einige Aktionen vorschaltet, um Synchronisation zu ermöglichen. In ISRs dieser Kategorie können zum Beispiel Tasks aktiviert werden. Dadurch ist es möglich, die Nachbearbeitung von Daten an Tasks einer geeigneten Priorität zu delegieren. Ein eventuell erforderliches Scheduling findet niemals in der ISR, sondern erst bei deren Beendigung statt. Der Preis für die gute Verträglichkeit mit dem Betriebssystem ist eine etwas längere Reaktionszeit auf den IRQ durch den zusätzlich zu bearbeitenden Code. Die optionale Kategorie drei stellt hier einen Kompromiss dar, denn sie erlaubt es, den zusätzlich erforderlichen Code zur Koordination mit dem Betriebssystem an einer vom Entwickler festzulegenden Stelle einzubauen. Ab dieser Stelle sind dann Aufrufe von Betriebssystemfunktionen möglich.

Für alle ISR-Kategorien bietet OSEK/VDX Möglichkeiten einzelne IRQs oder Gruppen von IRQs ab- und wieder anzuschalten. Auf diese Weise kann Konsistenzsicherung betrieben werden, indem kritische ISRs unterbunden werden. Auch für die Definition von ISRs gibt es eine Spracherweiterung, die der für Tasks stark ähnelt. Sie ist allerdings nur für ISRs der Kategorie zwei zwingend vorgeschrieben. Andere Routinen dürfen je nach Implementierung unterschiedlich umgesetzt werden. Außerdem ist bei ISRs keine Deklaration vorgesehen.

Beispiel

```
ISR(SamplePort1C)
{
  /* Anweisungen */
}
```

4.3 Events

Events stellen einen der zentralen Mechanismen in OSEK/VDX dar: Sie dienen zur Signalisierung zwischen Tasks und ISRs. Bei ihnen handelt es sich um die Ereignisse, auf die Extended Tasks warten können. Generell sind nur Extended Tasks in der Lage, Events zu empfangen. Ausgelöst werden können sie jedoch von beliebigen Tasks, ISRs der Kategorien zwei und drei und einigen anderen Mechanismen, die im Folgenden noch vorgestellt werden.

Mit Hilfe von Events lassen sich ereignisgesteuerte Dienste aufbauen. Extended Tasks können ohne Belastung der CPU auf bestimmte Situationen warten, die Ihnen durch Events signalisiert werden. Auf diese Weise lassen sich auch Client-Server-Beziehungen zwischen Tasks aufbauen. Da die Events dabei die wesentliche Schnittstelle zwischen den beteiligten Seiten darstellen, erhält man automatisch kleine, genau beschriebene Schnittstellen.

Ein wesentlicher Vorteil von Events ist, dass nur ihr Eintreffen, nicht aber der Auslöser ermittelt werden kann. Dadurch wird es möglich, einzelne eventgesteuerte Tasks zu implementieren und ihr geplantes Umfeld in einer Applikation zunächst bei Tests und Debugging zu simulieren. Hierfür kann zum Beispiel eine spezielle Task benutzt werden, die die gewünschten Events erzeugt.

Der typische Aufbau einer Extended Task soll an einem Beispiel illustriert werden: Nach der Abarbeitung eines Initialisierungsteil begibt sich die Task in eine Endlosschleife, in der sie zunächst auf das Eintreffen eines von zwei möglichen

Events wartet. Bis zu dessen Eintreffen legt sich die Task schlafen und erzeugt dabei keinerlei CPU-Last. Mit dem Eintreffen eines Events wird sie aufgeweckt und stellt fest, welche Events tatsächlich vorliegen. Diese werden dann nacheinander abgearbeitet. Schließlich geht die Task wieder in den Wartezustand über. Die Operationen mit Events werden verständlicher, wenn man sich klarmacht, dass sie in OSEK/VDX über Bitmasken realisiert werden. Daher muss ihre Verknüpfung mit bitweisen Operatoren erfolgen.

Beispiel

```
DeclareTask(EventHandler);
DeclareEvent(MyEvent1);
DeclareEvent(MyEvent2);

TASK(EventHandler) {
  EventMaskType current;                    /* speichert Events   */

  /* Initialisierung */

  for(;;) {
    WaitEvent(MyEvent1 | MyEvent2);         /* Warten auf Events */
    GetEvent(EventHandler, &current);       /* Events speichern   */
    ClearEvent(MyEvent1 | MyEvent2);        /* Events löschen     */

    if(current & MyEvent1) {                /* MyEvent1 prüfen    */
      /* MyEvent1 verarbeiten */
    }
    if(current & MyEvent2) {                /* MyEvent2 prüfen    */
      /* MyEvent2 verarbeiten */
    }
  }
}
```

4.4 Counter und Alarme

Die Fähigkeit zur Behandlung von zeitabhängigen Diensten ist eine der wesentlichen Anforderungen, die besonders an echtzeitfähige Systeme zu stellen sind. OSEK/VDX hat hierfür eine recht elegante zweistufige Konstruktion geschaffen. Ihre Basis ist der Counter. Dieser kann beliebige Ereignisse zählen. In der Praxis werden dies sehr oft die Ticks einer Prozessoruhr sein. Denkbar sind aber auch Drehwinkel eines Zahnrads oder Fehler innerhalb der Applikation. Für sich allein ist ein Counter nicht sehr wertvoll. Durch einen an ihn gebundenen Alarm erhält er jedoch vielfältige Möglichkeiten. Ein Alarm stellt einfach einen bestimmten Wert des Counters dar. Wird dieser Wert erreicht, so wird eine zuvor festgelegte Aktion ausgeführt. Mögliche Aktionen sind das Aktivieren einer Task oder das Auslösen eines Events.

Es wird deutlich, dass sich mit diesem Konzept sehr leicht zyklische Tasks oder auch ein zyklisches Wecken von Tasks realisieren lassen. Genauso ist es aber auch möglich, eine Task nach jeder Umdrehung einer Welle zu starten – und zwar unabhängig von der aktuellen Drehzahl. Durch die Möglichkeit, mehrere Alarme an eine Counter zu binden, kann Synchronität gewährleistet werden. Durch die Konfiguration mehrerer Counter lassen sich unterschiedlich feine Auflösungen effizient umsetzen.

Die Abhängigkeit zwischen Counter und Alarm sowie die zu veranlassende Aktion sind fest zu konfigurieren. Das bedeutet, dass für jede gewünschte Aktion und jeden dafür eingesetzten Counter ein eigener Alarm benötigt wird. Die Ablaufdauer eines Alarms und seine Aktivierung erfolgen aber dynamisch aus dem Programm heraus. Es ist auch möglich Alarme wieder zu stoppen, so dass Time-Out-Mechanismen realisierbar sind. Ebenso sind neben einmaligen auch zyklische Alarme möglich.

4.5 Resources

Die Problematik der Konsistenzsicherung und des wechselseitigen Ausschlusses in Multitasking-Systemen ist bekannt. OSEK/VDX wählt hier eine besondere Lösungsmethode, die Resource genannt wird. Diese kann wie eine klassische Semaphore belegt und wieder freigegeben werden. Während eine Semaphore nach der Belegung sicherstellt, dass keine weitere Belegung erfolgen kann, garantieren Resources, dass Tasks, die prinzipiell dieselbe Resource belegen könnten, nicht mehr zur Ausführung gelangen. Dies wird über das so genannte Priority Ceiling Protocol sichergestellt. Eine wesentliche Voraussetzung für dessen Einsetzbarkeit ist, dass bekannt ist, welche Tasks welche Resources belegen können. Dies wird unter OSEK/VDX im Rahmen der Konfiguration abgefragt. Die wesentlichen Vorteile des Priority Ceiling Protocols sind sein Verzicht auf dynamische Strukturen wie etwa die Warteschlangen von Semaphoren und seine bewiesene Deadlock-Freiheit.

Der Resource-Mechanismus kann nicht nur zwischen Tasks zum Schutz kritischer Regionen eingesetzt werden, sondern kann auch ISRs in den Schutz mit einbeziehen. So kann bei Bedarf recht elegant sichergestellt werden, dass eine Task zeitweilig bestimmte IRQs nicht zulässt. Da hierfür aber einige Prozessor-Features erforderlich sind, handelt es sich um eine optionale Erweiterung. Zwischen zwei oder mehr Tasks sind Resources dagegen immer einsetzbar.

4.6 Messages

Neben der vergleichsweise einfachen Kommunikation über Events verlangt der aktuelle OSEK/VDX-OS Standard auch eine Message-Basisfunktionalität. Dabei handelt es sich um eine kleine Untermenge der in OSEK/VDX-COM definierten Mechanismen.

Grundlage ist ein asynchrones Kommunikationsprotokoll, dessen Sendeeigenschaften separat zu konfigurieren sind. Die API-Funktionen beschränken sich auf das Ablegen eines Wertes in einer Datenbasis und die Abfrage bestimmter Einträge dieser Basis.

Ein interessantes Konzept ist die Möglichkeit, beim Senden oder Empfangen von Nachrichten eine Aktion auszuführen. Zur Auswahl stehen hierbei wieder das Aktivieren einer Task oder das Auslösen eines Events. Auf diese Weise ist es möglich, beim Empfangen einer Nachricht implizit die zur deren Bearbeitung vorgesehene Task zu wecken oder auch zu starten. Hiermit lassen sich Dienste realisieren, die Remote Procedure Calls ähneln.

Zusammen mit Events ermöglichen Messages die Definition vergleichsweise abstrakter Schnittstellen zwischen Tasks. Durch die Fähigkeit von Messages, implizite Events auszulösen, können sie als Events mit zugehörigen Parametern oder Daten angesehen werden. In dieser Sichtweise entsteht eine große Nähe der beiden Mechanismen.

4.7 Hooks

Schließlich kennt OSEK/VDX-OS noch einige Hook-Funktionen. Hierbei handelt es sich um vom Entwickler bereit zu stellende Funktionen, die vom Betriebssystem in bestimmten Situationen aufgerufen werden. So gibt es einen `StartupHook()`, der beim Hochfahren des Systems automatisch ausgeführt wird, wenn er vorhanden ist. Er kann benutzt werden um systemweite Initialisierungen vorzunehmen oder Tasks zu aktivieren, die beim Systemstart ablaufbereit sein sollen. Als Gegenstück existiert auch ein `ShutdownHook()`, der beim Herunterfahren des Systems zur Ausführung kommt.

Der `ErrorHook()` ist während der Entwicklung sehr nützlich, denn diese Funktion wird jedes Mal angesprungen, wenn beim Aufruf einer API-Routine ein Problem festgestellt wird. Der Fehlercode wird an den Hook übergeben, der zusätzlich noch die betroffene Task ermitteln und so den Fehler schon recht gut einkreisen kann. Zu ähnlichen Zwecken können `PreTaskHook()` und `PostTaskHook()` benutzt werden, die bei jedem Übergang einer Task in bzw. aus dem Zustand *running* ausgeführt werden. Mit ihrer Hilfe ist auch die Bestimmung von Tasklaufzeiten durch Toggeln von Hardware-Ports möglich.

5 Konfiguration

Es wurde schon auf die große Bedeutung der Konfiguration eines Kernels hingewiesen. Auch bei der Beschreibung der Betriebsmittel klang an, dass bestimmte Zusammenhänge nur aus der Konfiguration erkennbar sind. Beispiele hierfür sind:

- Zuordnung von IRQs und ISRs
- Priorität und Scheduling von Tasks
- Sichtbarkeit von Events in Tasks
- Bindungen zwischen Countern und Alarmen
- von Alarmen ausgelöste Aktionen

- Sichtbarkeit von Resources
- durch eine Message verbundene Tasks
- von Messages ausgelöste Aktionen
- Vorhandensein von Hook-Routinen
- die systemweite Scheduling-Strategie

Abbildung 1 zeigt das Konfigurationstool der 3SOFT-Implementierung ProOSEK. Die Beschreibung der Applikation erfolgt in einer komfortablen grafischen Oberfläche, aus der auch der entsprechende Kernel generiert werden kann.

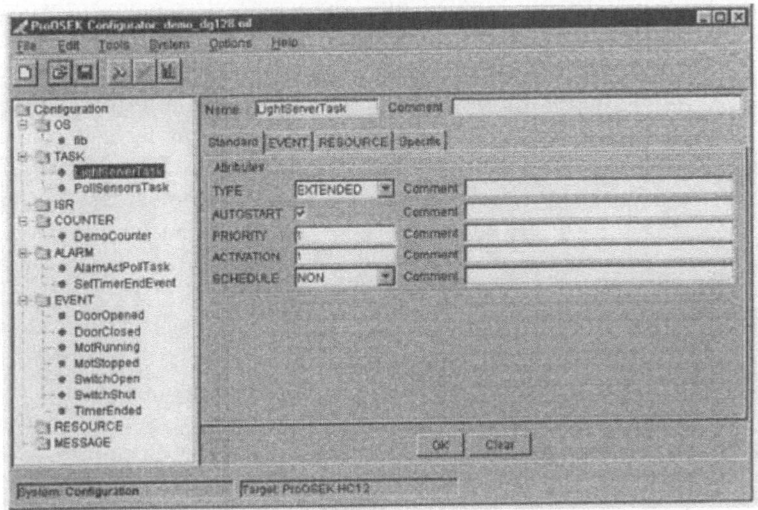

Abbildung 1. Der ProOSEK-Konfigurator

Hierbei können die Informationen zu einer Reihe von applikationsspezifischen Optimierungen genutzt werden. Normalerweise ist man dabei bestrebt, den Speicherbedarf (insbesondere RAM) des Programms klein zu halten. Zusätzlich wird ein dazu passendes Header-File erzeugt, das im Applikationscode eingebunden wird. Durch Übersetzen erhält man die fertige Anwendung.

Der Erfolg der Optimierungen zeigt sich bei Betrachtung des Speicherbedarfs fertiger Kernel. So benötigt der kleinste mit ProOSEK für einen Motorola 68HC12 generierbare Kernel nur 736 Bytes ROM und 197 Bytes RAM – zusammen also weniger als 1 kByte. Dieser Kernel bietet nur sehr wenig Funktionalität, doch auch bei in der Praxis eingesetzten Systemen sind Werte von 4 kByte ROM und 512 Bytes RAM eher die Regel als die Ausnahme. Derartige Werte sind auf Prozessoren mit typischerweise insgesamt 60 kByte ROM und 2 kByte RAM ein wesentliches Qualitätsmerkmal. Ohne Konfigurationsmechanismen sind derartige Werte nicht erreichbar.

Auch das zweite Ziel der Konfiguration, plattformspezifische und unabhängige Daten zu trennen, zeigt Erfolge. So handelt es sich bei den zum Lieferumfang von ProOSEK gehörenden Beispielen für alle unterstützten Mikrocontroller um Single-Source Programme. Es wird nur ein auf die Plattform abgestimmtes OIL-File benötigt, um ein und denselben Quellcode für verschiedene Microcontroller zu übersetzen. Ähnliche Ergebnisse zeigen sich auch in der Praxis beim Wechsel zwischen verschiedenen OSEK/VDX-Implementierungen.

6 Zusammenfassung

Mit OSEK/VDX-OS ist ein bedeutender Schritt zur Schaffung einer einheitlichen Software-Plattform auf Single-Chip Microcontrollern gemacht worden. Die grundsätzlichen Prinzipien der Spezifikation sorgen für portable Applikationen auf der Basis eines sehr gut skalierbaren Betriebssystems.

In der Automobilindustrie hat sich OSEK/VDX seinen festen Platz erobert. Das erste unter OSEK/VDX laufende Serien-Steuergerät ist seit Mai 2000 in der C-Klasse von Mercedes-Benz auf der Straße. Neben DaimlerChrysler (siehe [BS00]) wird auch BMW (siehe [Gre00]) in künftigen Großserien ganz auf OSEK/VDX setzen. Für die Zulieferer bedeutet die Schaffung einer einheitlichen Basis die Möglichkeit, die Herstellerabhängigkeiten in ihren Geräten zu minimieren.

Abschließend lässt sich sagen, dass OSEK/VDX-OS sicher keine Revolution im Bereich der Betriebssysteme bedeutet. Neben einigen interessanten Ansätzen – z.B. bei Countern und Alarmen sowie Resources – zeichnen jedoch zwei Dinge dieses Betriebssystem aus: Es ist durch Skalierbarkeit auf den verbreiteten Zielplattformen einsetzbar und es ist ein internationaler Standard. Besonders der letzte Punkt ist unter dem Gesichtspunkt der Investitionssicherung für den Markt von entscheidender Bedeutung.

Literatur

[BS00] **J. Bortolazzi, J. Spohr**
OSEK/VDX - from Vision to Product
in: [OSEK00a], S. 127-139

[Gre00] **K. Gresser**
OSEK/VDX in BMW Standard Core
in: [OSEK00a], S. 111-119

[OSEK00a] **OSEK/VDX Steering Committee**
Open Systems in Automotive Networks
Proceedings 3rd International Workshop
VDI-Verlag 2000

[OSEK00b] **OSEK/VDX Steering Committee**
Spezifikationen OS 2.1, COM 2.2, NM 2.5.1, OIL 2.2
online verfügbar unter `http://www.osek-vdx.org`

[Sch00] **J. Schoof**
Release mit Augenmaß - OSEK/VDX-OS 2.1
in: F&M 7-8/2000, Hanser Verlag 2000

Integration von Open Source Betriebssystemen in industriellen Embedded Networking Devices

J. Burmeister[1] und H. H. Heitmann[2]

[1] m2c GmbH
jburmeister@m2c-gmbh.de
[2] Fachhochschule Hamburg
heitmann@cpt.fh-hamburg.de

Zusammenfassung In der Automationstechnik zeichnen sich zur Zeit zwei Trends sehr deutlich ab. Zum einen nimmt die Anzahl der Embedded Systems durch den Einsatz von verteilter Intelligenz zu und zum anderen wird als Netzwerk verstärkt Ethernet gefordert. Der Einsatz von Open Source Betriebssystemen in diesem Bereich wird hier untersucht und zwei geeignete Vertreter vorgestellt und verglichen.

Der Begriff Open Source wurde vor allem mit der steigenden Popularität des Betriebssystems Linux bekannt, das unter der GPL (GNU General Public License) kostenlos im Internet verteilt wird. Dies bedeutet nicht nur, daß das System als solches kostenlos erhältlich ist, sondern auch das der Quelltext enthalten ist. Es ist also möglich Veränderungen, Erweiterungen oder Verbesserungen in die Software einzubringen und wiederum anderen zur Verfügung zu stellen. Auf diese Weise kann eine Software sehr schnell auf einen stabilen Stand gebracht werden, da Anwender und Entwickler häufig ein und dieselbe Person sind. Auch für Firmen ist dieses Konzept interessant. Verdienen kann man vor allem mit dem Vertrieb (Verteilung auf Datenträgern), Support oder Schulungen. Auch der Absatzmarkt für kommerzielle Zusatzprodukte steigt mit der Popularität einer Open Source Software, so daß einige Unternehmen sich neben der kommerziellen Entwicklung auch aktiv an deren Weiterentwicklung beteiligen. Für den Einsatz im professionellen Bereich eignet sich Open Source Software nicht nur wegen der Stabilität und der schnellen Entwicklung sondern auch aus Sicherheitsaspekten. Durch die Möglichkeit Einblick in den Quelltext zu nehmen, können Belange des Datenschutzes besser verifiziert werden. Die Frage ist, warum bei einer völlig freien Software überhaupt eine Lizenz notwendig ist. Dies soll kurz am Beispiel der populärsten Lizenz dieser Art dargestellt werden.

Die GNU General Public License

Die meisten Lizenzen sollen eine unkontrollierte Verteilung oder Veränderung einer Software unterbinden. Die GPL hat das Ziel alles zu unterbinden, was die Verteilung und Veränderung von Software einschränkt. Die GPL wurde von der FSF (Free Software Foundation) ins Leben gerufen, um die Entwicklung von freier Software zu schützen. Die Kernpunkte der Lizenz sind die Folgenden.

- Die Software darf nur mit der Lizenz, allen Informationen und dem Quelltext vertrieben werden. Ist der Quelltext nicht enthalten, muß eine 3 jährige Garantie auf den Erhalt des Quelltextes zum Selbstkostenpreis gegeben werden.
- Wenn die Software gegen Geld oder kostenlos verteilt wird erhält der Empfänger automatisch die gleichen Rechte wie der Verkäufer/Verteiler.
- Die Lizenz darf bei der Weitergabe nicht verändert werden.
- Wenn Veränderungen an dem Programm vorgenommen werden, müssen diese eindeutig markiert werden und das resultierende Werk steht wieder unter der GPL.

Für die Verwendung von Open Source Software in kommerziellen Produkten gibt es demnach keine Einschränkungen. Kritisch könnte der letzte Punkt sein. Es ist für eine Firma nicht unbedingt attraktiv ein Produkt durch die Weiterentwicklung einer Open Source Software zu erstellen, wenn Sie hinterher gezwungen ist den Quelltext inklusive des firmeneigenen Know-Hows offenzulegen. Der diesbezügliche Teil der Lizenz ist nicht absolut eindeutig, dort heißt es:

> Wenn identifizierbare Teile des Werkes nicht von dem Programm abgeleitet sind und vernünftigerweise selbst als unabhängige und eigenständige Werke betrachtet werden können, dann erstreckt sich die GPL und ihre Bedingungen nicht auf diese Teile, sofern sie als eigenständige Werke verbreitet werden.

Die Entscheidung, wann ein Teil einer Software unabhängig und eigenständig ist, ist nicht leicht zu fällen und wird sicher durch eigene Interessen beeinflußt. Die Lizenz berücksichtigt auch nicht den Sonderfall des Einsatzes in Embedded Systemen. Wird in einem Embedded System ein Open Source Betriebssystem verwendet, bringt es dem Kunden im Sinne der Lizenz keinen Vorteil, wenn er den Quelltext erhält. Er besitzt selten die notwendigen Mittel um eine geänderte Software auf das System zu bringen und in den allermeisten Fällen auch nicht genug Informationen über die verwendete Hardware. Bei der Entwicklung muß versucht werden die Firmenpolitik mit der GPL in Einklang zu bringen. Es ist nicht unbedingt nachteilig, wenn Teile der Entwicklung wieder unter der GPL veröffentlicht werden, da dies die Entwicklung der Software in einer Art und Weise vorantreibt, von der die Firma profitieren kann. Wird jedoch spezielles Know-How veröffentlicht, wird es nicht ausbleiben, daß dieses von anderen Firmen (auch der Konkurrenz) verwendet wird und finanzielle Verluste entstehen. Es gilt also bei der Entwicklung die heiklen Teile deutlich abzugrenzen und unter eine andere Lizenz zu stellen. Dies wird durch die uneindeutige Formulierung der GPL unterstützt. Bei der Portierung eines Betriebssystems, das unter der GPL steht, können z.B. die hardwarenahen Teile als Treiber ausgelegt werden, die als eigenständiger Teil vertrieben werden.

Welches Betriebssystem ist das Richtige?

Das erste Ziel einer Entwicklung ist es demnach, geeignete Betriebssysteme zu finden, die den gestellten Anforderungen entsprechen. Es muß sich um Betriebssysteme handeln, die

- für die verwendete Hardware verfügbar sind oder leicht portiert werden können.
- frei von Lizenzkosten sind.
- inklusive des Quelltextes erhältlich sind.
- eine Netzwerkunterstützung bieten oder leicht um diese erweitert werden können.
- über eine möglichst kostenlose und gute Entwicklungsumgebung verfügen.

Die Anzahl der Systeme, die all diesen Anforderungen entsprechen, ist häufig auch nach intensiver Recherche sehr gering. Zwei Open Source Betriebssysteme, die sich besonders für die Verwendung in Embedded Networking Devices eignen, sollen im Folgenden kurz vorgestellt werden.

RTEMS

RTEMS ist eine Abkürzung für ***Real-Time Executive for Multiprocessor Systems.*** Die Entwicklung dieses Systems wurde vom ***U.S. Army Missile Command*** und später vom ***U.S. Army Aviation and Missile Command*** (AMCOM) bei der On-line Applikations Research Corporation (OAR) in Auftrag gegeben, um die Kosten für die Softwareentwicklung in militärischen Geräten zu reduzieren und die Wiederverwendbarkeit zu erhöhen. RTEMS ist als C und als Ada Implementierung erhältlich. Der Vertrieb findet heute ebenfalls durch die OAR statt. Der Quelltext und die Entwicklungsumgebung, sowie einige Dokumentationen der letzten stabilen Version stehen im Internet bereit und können nach Angabe einiger Registrierungsdaten frei heruntergeladen werden.

RTEMS unterstützt Multitasking mit verschiedenen Scheduling Algorithmen und verschiedene Mechanismen zur Task-Synchronisation und -Kommunikation. Die Unterstützung von Multiprozessorsystemen ist in RTEMS ebenfalls integriert. Die entscheidene Eigenschaft für dieses Projekt war allerdings die Verfügbarkeit eines TCP/IP Stacks. RTEMS verfügt damit über alle Eigenschaften, die für ein Embedded Networking Device notwendig sind. Eine genauere Auflistung findet sich in Tabelle 1. Die genannten Eigenschaften sind für alle von RTEMS unterstützten Plattformen verfügbar. Es gibt von der OAR noch eine lange Liste zusätzlicher Eigenschaften, die jedoch nur für bestimmte Plattformen gelten. Die Architektur von RTEMS ist ähnlich der Architektur vieler Betriebssysteme. Die Hauptaufgabe ist die Bereitstellung von Diensten, die die Applikation unterstützen und eine Abstraktion der Hardware. RTEMS besitzt keine Form von Speicherschutz, so daß aus der Applikation auf den gesamten Speicherbereich und die Hardware zugegriffen werden kann. RTEMS unterstützt keine zur Laufzeit ladbare Software. Die Applikation wird

Eigenschaft	Unterstützt
Standards	POSIX 1003.1b API, RTEID/OKID basierte klassische API
TCP/IP Stack	Portierung des FreeBSD Stacks (UDP, TCP, ICMP, DHCP, RARP)
Debugging	GNU Debugger (Debug über serielle Schnittstelle)
Kernel	Homogene und heterogene Multiprozessorsysteme Ereignisgesteuertes, Prioritäten basiertes, Preemptives Multitasking Optionales *Rate Monotonic* Scheduling Task Kommunikation und Synchronisation Prioritätsvererbung Dynamische Speicherverwaltung
Prozessoren	Motorola MC68xxx, MC683xx, ColdFire Hitachi SH Intel i386, i960 MIPS PowerPC SPARC AMD A29K Hewlett-Packard PA-RISC

Tabelle 1. RTEMS Eigenschaften

also mit RTEMS zu einer ausführbaren Datei gelinkt und in einem Stück auf die Hardware geladen. Die offizielle Bezeichnung für RTEMS ist daher auch *Executive* oder *Kernel* und nicht Betriebssystem. Die Treiber sind bei RTEMS nicht unbedingt als Teil des Kernels zu betrachten, da sie eine genormte, abstrakte Schnittstelle zur Hardware bereitstellen, aber kein Dienst des Kernels sind. Diese Architektur wird in Abbildung 1 schematisch dargestellt. Die dargestellte Möglichkeit der Applikation direkt auf die Hardware zuzugreifen sollte natürlich möglichst nicht genutzt werden. Die Software wäre in diesem Fall nicht mehr ohne weiteres auf eine andere Hardware portierbar und damit der Hauptvorteil der Verwendung eines Betriebssystems nicht mehr gegeben. Die Dienste, die RTEMS der Applikation bietet, sind in logische Gruppen organisiert, die je nach Bedarf hinzugefügt werden. Es ist so möglich, die

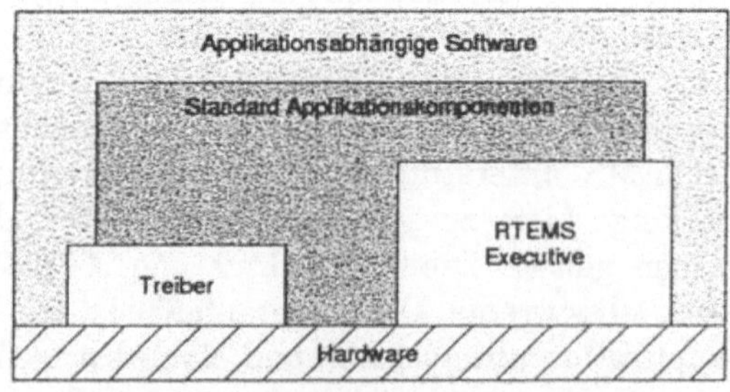

Abbildung 1. RTEMS Architektur

Funktionalität und vor allem den Speicherbedarf an die jeweilige Applikation anzupassen. Diese Gruppen heißen Manager. Wird z.B. in der Applikation nur ein Prozessor verwendet, ist es möglich den ***Multiprocessing Manager*** wegzulassen und damit Speicherplatz zu sparen. Der Kern (RTEMS Core) bietet Basisdienste, die von allen Managern benötigt werden. Dies sind unter anderem das Objekt Management (Objekte beschreiben in RTEMS alle Dienste und Strukturen), Dispatching und Scheduling (Multitasking). Eine Architektur dieser Art wird auch häufig als ***Microkernel*** bezeichnet. Das schematische Zusammenspiel von Managern und Kern wird in Abbildung 2 dargestellt. Die Manager sind hier Ihrerseits nach Funktionsbereichen gruppiert.

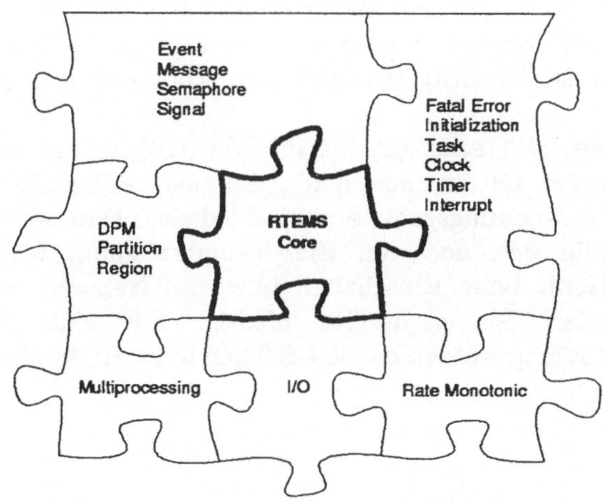

Abbildung 2. RTEMS Manager

Die Entwicklungsumgebung für RTEMS basiert ausschließlich auf GNU Software, die für viele Betriebssysteme erhältlich ist. Diese Software kann als Quelltext kostenlos bezogen und zusammen mit Patches (Anpassungen) für die Entwicklung mit RTEMS erstellt werden. Als Standard C-Bibliothek wird die Newlib (newlib 1.8.0) verwendet. Diese ist im Gegensatz zu GNU Bibliothek (glibc) sehr viel kleiner und damit für den Einsatz auf Embedded Devices besser geeignet. Der Quelltext von RTEMS ist zum überwiegenden Teil in C geschrieben und enthält nur wenig Assembleranweisungen, um die Portabilität zu gewährleisten. Die Zielhardware wird in RTEMS durch ein BSP (Board Support Package) beschrieben. Dies ist die Zusammenfassung von Quelltext, der spezifisch für eine bestimmte Hardware ist. Soll RTEMS auf eine neue Hardware portiert werden, so gibt es zwei Stufen von notwendigen Anpassungen. Der umfassendste Schritt ist die Portierung auf eine Hardware mit einer nicht unterstützen CPU. Es sind jedoch Vorlagen für alle benötigten Funktionen enthalten. In jedem Fall muß für eine nicht unterstützte Hardware eine Anpassung und Erweiterung des Quelltextes vorgenommen werden. Es existiert kein Konfigurationsprogramm, das eine Anpassung automatisch vornimmt, aber es gibt auch hier eine entsprechende Vorlage.

Als kostenlose Dokumentation sind einige grundlegende Beschreibungen erhältlich. Diese enthalten eine Kurzanleitung zur Installation der Entwicklungsumgebung, eine Beschreibung der Systemaufrufe aller Manager und der Konfigurationstabellen, eine Anleitung zur Benutzung der POSIX Schnittstelle und eine kurzes Tutorial zum Programmieren eines Netzwerktreibers. Weitere Dokumentation über verschiedene Aspekte des Portierens und CPU spezifische Beschreibungen sind nur über kostenpflichtigen Support erhältlich. Literatur aus dritter Hand ist Aufgrund der geringen Verbreitung des Systems nicht vorhanden. Die Kenntnis über die internen Algorithmen und Strukturen von RTEMS kann nur durch Studium des Quelltextes erlangt werden und dieser enthält nur sehr wenige Kommentare. Fragen zu RTEMS können über eine offen zugängliche Mailingliste gestellt werden. Das Niveau der Liste erfordert aber schon eine sehr genaue Kenntnis des Systems.

RTEMS eignet sich sehr gut für die Verwendung auf einem Embedded Networking Device. Es ist mit den gebotenen Fähigkeiten in der Lage alle möglichen Anwendungsgebiete zu befriedigen. Dies wird ergänzt durch Eigenschaften, die sich noch im Entwicklungsstadium befinden, wie z.B. *bootp* um das Gerät beim Einschalten über das Netzwerk zu konfigurieren. Der Speicherbedarf ist erstaunlich niedrig. Für eine Applikation mit Netzwerkunterstützung werden ca. 300-400 kByte im ROM benötigt.

μClinux

Bei Linux handelt es sich um ein UNIX ähnliches Betriebssystem für Desktoprechner. Ursprünglich für IBM kompatible Personal Computer entwickelt, ist es heute auch für viele andere Plattformen verfügbar. Linux war das erste Betriebssystem, das unter der GPL veröffentlicht wurde. Mit der großen Verbreitung von Linux auf der einen und Embedded Systems auf der anderen Seite, hat das Interesse zugenommen, Linux auf diesen Systemen einzusetzen. Diese Bemühungen basieren allerdings häufig auf sogenannten Embedded PC's. Hierbei handelt es sich um IBM kompatible Computer, die mit hochintegrierten Bausteinen sehr klein realisiert werden. Diese Embedded PC's benötigen sehr wohl eine Anpassung von Linux, aber keine Portierung im eigentlichen Sinne. Die Portierung von Linux auf ein Embedded System mit einem Microcontroller erfordert allerdings einige grundlegende Änderungen. Linux ist zwar auch z.B. für die Motorola Plattform portiert, aber es werden hier nur Prozessoren mit einer MMU (Memory Management Unit) unterstützt. Die meisten Microcontroller besitzen allerdings keine MMU und somit muß die gesamte Speicherverwaltung angepaßt werden. Eine Version von Linux mit einer Speicherverwaltung für Prozessoren ohne MMU ist unter dem Namen μClinux (Microcontroller Linux) verfügbar. Diese Version befindet sich noch in der Entwicklung und basiert auf dem Linux Kernel in der Version 2.0.38.

μClinux besitzt bis auf wenige relevanten Ausnahmen die gleichen Eigenschaften wie Linux. Es ist damit ein Multi User-/Multi Task-Betriebssystem, mit verschiedenen Scheduling Algorithmen und umfangreichen Möglichkeiten zur Task-Kommunikation. Es enthält einen TCP/IP Stack und Unterstützung für Novell Netzwerke. Der Zugriff auf das Netzwerk ist nicht nur über Ethernet, sondern auch mit PPP (Point to Point Protocol) und SLIP (Serial Line Internet Protocol) über serielle Leitungen möglich. Der Zugriff auf unterschiedliche Dateisysteme, auch über das Netzwerk, wird unterstützt. Die wichtigsten Einschränkungen von μClinux im Vergleich zur aktuellen Linux Version sind in Tabelle 2 aufgeführt.

Linux	μClinux
Multiuser	Es gibt nur eine Login Shell, so daß nur ein Benutzer zur Zeit lokal arbeiten kann. Die simultane Arbeit über Telnet ist aber möglich.
Multiprozessing	Es wird nur ein Prozessor unterstützt.
Paging/Swapping	Da μClinux in diesem Fall auf einer Plattform ohne Datenträger läuft, ist das Auslagern von Speicherbereichen nicht möglich. Das Paging von Linux wird emuliert, da keine MMU vorhanden ist und ein linearer Adressraum verwendet wird.
Speicherschutz	Es gibt keinen Speicherschutz, da es keine Hardware gibt, die dies unterstützt. Jeder Prozeß hat Zugriff auf den gesamten Adressraum.
Shared Libraries	Es werden nur statisch gelinkte Libraries unterstützt.
Programmformate	Es wird das sogenannte *Flat* Format für ausführbare Dateien unterstützt. Es können nicht alle Linux Programme problemlos für μClinux erstellt werden, da die C Bibliothek nicht vollständig implementiert ist.
Dateisysteme	Als lokales Dateisystem wird ein ROM/RAM Dateisystem unterstützt. Über das Netzwerk ist auch der Zugriff auf NFS (Network File System) möglich.

Tabelle 2. μClinux Einschränkungen

Die gebotenen Eigenschaften qualifizieren μClinux auf jeden Fall für die Verwendung auf einem Embedded Networking Device.

Die Architektur von μClinux unterscheidet sich nicht grundlegend von der Linux Architektur. Sie ist schematisch in Abbildung 3 dargestellt. Der Kernel, mit den Treibern und der Hardware, ist hier als geschlossenes Gebilde dargestellt, da es sich bei Linux um einen *Monolithischen* Kernel handelt. Dies bedeutet, daß alle Treiber und Dienste fest im Kernel enthalten sind und eine Entscheidung über den Umfang der Geräteunterstützung vor der Erstellung getroffen werden muß. Das dynamische Laden von Gerätetreibern, wie es in den neueren Linux Versionen enthalten ist, wird in μClinux auch unterstützt, ist aber noch nicht vollständig stabil. Es erfordert auch einigen Verwaltungsaufwand und hat damit einen größeren Speicherbedarf, was auf einem Embedded System nicht erwünscht ist.

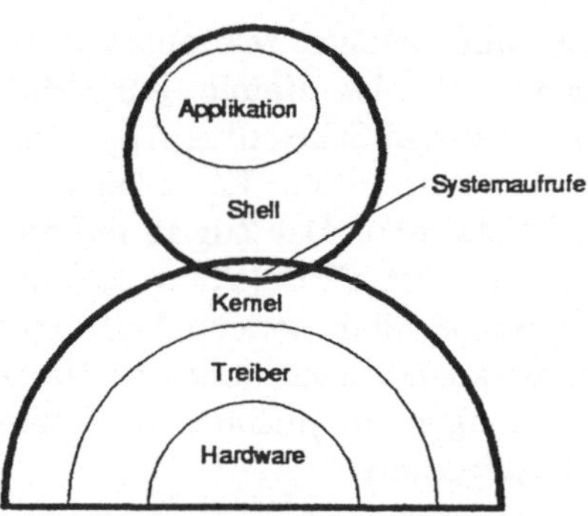

Abbildung 3. μClinux Architektur

Die Entwicklungsumgebung basiert auf den GNU Werkzeugen und einiger zusätzlicher Software, die teilweise für μClinux entwickelt wurde. Die GNU Werkzeuge werden mit Hilfe des Programmes *patch* für die Erstellung von μClinux angepaßt und in zwei Versionen für den Kernel und die Anwendungsprogramme verwendet. Bei den C-Bibliotheken handelt es sich ebenfalls um die GNU Bibliothek (glibc, glibm) mit Anpassungen. Leider sind noch nicht alle Funktionen dieser Bibliotheken für die Verwendung mit μClinux portiert und so muß die Verwendbarkeit im Einzelfall am Beispiel erprobt werden. μClinux enthält einen vollständigen Linux Verzeichnisbaum, mit allen notwendigen Dateien, der in einem ROM Dateisystem untergebracht ist. Für veränderliche Dateien steht ein RAM Dateisystem zur Verfügung. Das ROM Dateisystem ist nur lesbar.

Die Dokumentation von μClinux ist sehr knapp gehalten. Die Änderungen im Kernel sind nicht dokumentiert und Erklärungen im Quelltext kaum vorhanden. Es wird im Moment an der Dokumentation gearbeitet, aber die Fertigstellung und Lizenz sind noch unklar. Es gibt neben kostenpflichtigem Support eine öffentlich zugängliche Mailing Liste, die sich aber hauptsächlich auf die Portierung für den ColdFire Prozessor konzentriert.

μClinux eignet sich sehr gut für die Verwendung auf Embedded Networking Devices. Durch die Fülle von Programmen und Informationen aus dem Verzeichnisbaum kann die Wartung und Analyse schnell und komfortabel durchgeführt werden. Die Erstellung von eigenen Applikationen ist durch den unklaren Stand der C-Bibliothek allerdings stark beeinträchtigt. Die Werkzeuge für eine Kommunikation über das Netzwerk sind vorhanden und können mit einigen Anpassungen aus Linux übernommen werden. Viele Applikationen und Möglichkeiten gehen über den Bedarf für ein Embedded Device hinaus. Die Verfügbarkeit eines Dateisystems ist für die Ablage von Daten (z.B. auch Internetseiten) sehr praktisch, aber nicht unbedingt erforderlich. Viele Werkzeuge wie z.B. ein Editor sind mit großer Wahrscheinlichkeit nicht notwendig. Auch nach dem Weglassen von überflüssigen Applikationen, ist der

Speicherbedarf von μClinux zu groß. Das ROM wird mit ca. 900 kByte belegt und 1 MByte RAM empfehlenswert..

Vergleich

Ein Vergleich der Betriebssysteme und eine Entscheidung für den geeigneteren Kandidaten ist schwer. Beide Systeme haben ihre speziellen Vorteile und Nachteile. In Tabelle 3 werden die Fähigkeiten und Eigenschaften von RTEMS und μClinux gegenübergestellt. Ein '•' kennzeichnet hier eine vorhandene Eigenschaft und ein 'o' eine eingeschränkt vorhandene Eigenschaft.

Eigenschaft	RTEMS	μClinux
Multitasking	•	•
Multiuser		o
Multiprozessing	•	
Echtzeitfähig	•	
C-Bibliothek	•	o
TCP/IP	•	•
NFS		•
Shell		•
Telnet		•
Dateisystem		•
HTTP Server	o	•

Tabelle 3. Fähigkeiten von RTEMS und μClinux

Diese Liste ist nicht vollständig und enthält auch Eigenschaften, die nicht unbedingt erforderlich sind. Zählt man die Punkte dennoch zusammen, ist μClinux anscheinend die bessere Wahl. Für den Einsatz in einem Produkt, in dem die speziellen Eigenschaften (z.B. NFS Unterstützung) benötigt werden, fällt die Wahl demnach nicht schwer. μClinux befindet sich allerdings noch in der Entwicklung und ist in einigen Punkten nicht so ausgereift wie RTEMS. Als eklatanter Nachteil ist hier auf jeden Fall die unvollständige C-Bibliothek zu nennen. Das Dateisystem von μClinux kann als Vorteil gewertet werden, ist aber nur eingeschränkt nützlich, da es nicht beschreibbar ist. Der Telnet-Server ist ein unbestreitbarer Vorteil, der sofort nutzbringend verwendet werden kann. Der HTTP-Server ist sehr rudimentär implementiert und soll in die Wertung nicht weiter eingehen. Um auch Aspekte der Verwendung zu berücksichtigen, die außerhalb der reinen Fähigkeiten liegen, wird in Tabelle 4 eine Bewertung vorgenommen. Ein '$\oplus$' bedeutet dabei eine bessere und ein '$\ominus$' eine schlechtere Bewertung. Diese Wertung kann nur subjektiv sein, da sicher keine zwei Personen zu einer gleichen Einschätzung kommen würden.

In dieser Bewertung schneidet RTEMS besser ab. Das liegt hauptsächlich in der klareren Strukturierung des Quelltextes von RTEMS und dem enormen

Aspekt	RTEMS	μClinux
Funktionelle Eignung	⊕⊕⊕	⊕⊕⊕
Entwicklungsumgebung	⊕⊕	⊕
Quelltext	⊕⊕⊕	⊖
Dokumentation	⊕	⊕⊕
Freier Support	⊖	⊖
Speicherbedarf	⊕⊕⊕	⊖

Tabelle 4. Bewertung von RTEMS und μClinux

Speicherbedarf von μClinux. Im Bereich Dokumentation kann μClinux durch die Fülle von Literatur zu Linux Punkte machen. μClinux an sich ist jedoch sehr mangelhaft dokumentiert und steht hiermit auf einer Stufe mit RTEMS. Wird keine Portierung, sondern nur eine Verwendung untersucht, ist die Dokumentation von RTEMS aber absolut ausreichend. Die Entscheidung für das bessere System kann nur mit einem großen '**aber**' enden. Die Herkünfte und Zielsetzungen der beiden Systeme sind zu verschieden. Während RTEMS ein kleines Echtzeit-Betriebssystem für den Embedded Einsatz ist, wurde μClinux vom Desktop PC auf eine passende Größe geschrumpft. Eine Annäherung in der Mitte wäre die optimale Lösung. Es soll hier aber nochmal betont werden, daß beide Systeme für sich grundsätzlich geeignet sind. Es ist von den Anforderungen an das Produkt abhängig, wer hier das Rennen macht.

Beide Betriebssysteme wurden vom Autor im Rahmen einer Diplomarbeit[1] an der Fachhochschule Hamburg erfolgreich auf ein Ethernet-Feldbus-Gateway der Firma m2c portiert. Dieses Gateway mit dem Namen FE-IX[2] ist eine Neuentwicklung, die der steigenden Nachfrage nach Ethernet in der Automationstechnik Rechnung trägt. Es wurde auf der Hannovermesse 2000 mit großem Interesse aufgenommen und auch die Absicht ein Open Source Betriebssystem zu verwenden, wurde von vielen potentiellen Kunden positiv bewertet.

Weitere Informationen

Linux www.linux.org
Linux auf Embedded Systems www.linux-embedded.org
μClinux www.uclinux.org b.z.w. www.uclinux.com
RTEMS www.OARcorp.com
m2c GmbH www.m2c-gmbh.com

[1] Auf Wunsch vom Autor erhältlich
[2] Feldbus Ethernet Gateway mit dem universellen Feldbuscontroller IX

Online Datenmanagement mit LINUX auf dem Forschungsschiff Sonne

S. Schwartze

Werum Datenverarbeitungssysteme GmbH
Erbstorfer Landstrasse 14
D- 21337 Lüneburg
schwartze@werum.de

1 Einleitung

Die Reedereigemeinschaft Forschungsschiffahrt Bremen (RF) betreibt das Forschungsschiff FS SONNE. Neben den Daten der nautischen Systeme zur Schiffsführung werden mittels permanent eingebauter Messanlagen und spezifischer Geräte wechselnder Nutzergruppen hochwertige wissenschaftliche Messdaten erfasst. Ein an Bord installiertes Wissenschaftsnetz (DVS) organisiert und archiviert die Daten dieses schwimmenden Labors und stellt sie für die weitere Nutzung an Bord sowie den Gästen für spätere Auswertungen in ihren Instituten bereit.

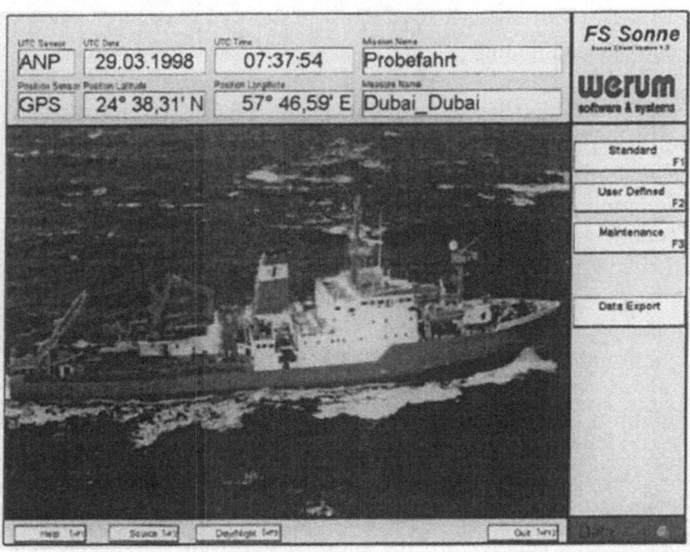

Die Realisierung geschieht auf Basis des schon auf anderen Forschungsschiffen und im industriellen Einsatz bewährte Messdatenmanagementsystem DAVIS (Data Acquisition and Video Information System).

2 Anforderungen

Das bisherige Wissenschaftsnetz basiert auf einer VAX-Lösung und soll schrittweise abgelöst werden. Hierfür ist zunächst eine Integration in das neue System vorzunehmen, um den Parallelbetrieb zu ermöglichen.

Folgende Eigenschaften sind gefordert:

- Kontinuierliche Datenerfassung für fest installierte Messsysteme
- Ausfallsicherheit gegen Datenverlust und Robustheit („Spielesicherheit")
- Integrationsmöglichkeit für Messsysteme inkl. Videodaten der wechselnden Forschergruppen
- Leichte Anpassung der Konfigurationsbeschreibung für wechselnde Testszenarien
- Spezifische Prozessierung der Daten
- Integrierte Logbuchfunktion
- Geringer Wartungsbedarf
- Exporte von Daten der wechselnden Forschergruppen
- Erweiterbarkeit

Die Anforderungen an die Datenraten liegen bei 1/sec pro Kanal bis auf einige Navigationsdaten mit 200/sec (Roll/Pitch/Heave). In der Regel sind ca. 400 Kanäle angeschlossen.

3 Randbedingungen

3.1 Betriebliche Bedingungen

Wissenschaftlergruppen sind jeweils für die Dauer eines Fahrtabschnittes von ca. 4 Wochen an Bord. In dieser Zeit sind sowohl neue wissenschaftliche Messsysteme zu integrieren, als auch die Messkampagne selbst durchzuführen. Die Messungen werden in Zusammenhang mit den zugehörigen Navigationsdaten gebracht und sind online zu überwachen. Zudem sind die Daten parallel schritthaltend zu archivieren sowie sofort wieder den Clienten zur Verfügung zu stellen. Daten müssen nach den Messkampagnen exportiert werden können. Nach dem Fahrtabschnitt erhalten die Wissenschaftler ein stationäres Auswertesystem, mit dem Datenauswertungen auf Basis der exportierten Daten möglich sind (Replaysystem).

Die Integration von Systemen in das Netzwerk durch die Anwender birgt Kommunikations- und Datenausfallrisiken. In der vorgefundenen Netzwerkkonfiguration wäre der Ausfall des Netzwerkes mit dem Verlust wichtiger Messdaten verbunden. Die einzurichtende Netzwerktopologie soll Wechselwirkungen so gering wie möglich halten und dabei die Übernahme von Navigationsdaten weiterhin ermöglichen.

Die vorhandene Hardware an Netz und PCs soll genutzt werden – das bisherige Wissenschaftsnetz ist bei minimaler Hardwareergänzung durch ein leistungsfähigeres zu ersetzen. Es sind ca. 20 Arbeitsplätze für Wissenschaftler vorgesehen, davon sind 15 fest installierte Plätze; auf der Brücke unterliegen die Anzeigen einer Tag-

/Nachtumschaltung. Wegen des Seegangs können die Clienten meistens nicht mit der Maus bedient werden, so dass Cursorbewegungen und Funktionen auf Funktionstasten zu legen sind.

3.2 Datenflüsse

Als Datenquellen dienen fest installierte bzw. ständig mitgeführte Geräte wie Winden, Maschinen, Wetterstation, Lote, Echosender und das submarine Messgerät OFOS, das auch Videodaten liefert. Zudem werden aus dem Navigationsnetz per Broadcast Positions- und Trackingdaten angeliefert. Manuelle Logbucheinträge erreichen das DVS als eigenständige Datenströme.
Die VAX für die wissenschaftlichen Daten WisVAX wird schrittweise ausser Betrieb genommen, liefert zunächst aber noch einige Daten.

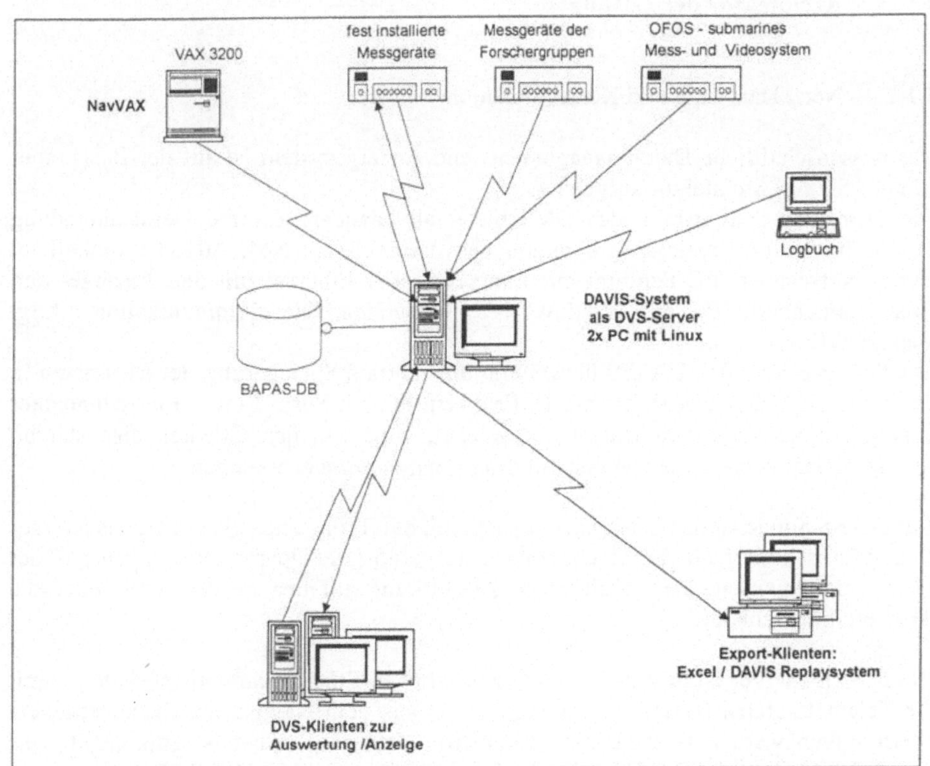

Der DVS-Server übernimmt die Verwaltung der Konfigurationsdaten, in denen die Datenhandhabung festgelegt wird:

- die Art der Verarbeitung der Signale - Beschreibung der Datenformate, Grenzwerte, Abtastraten, Formeln sowie Kriterien für das Erkennen der Gültigkeit von Daten
- die Verteilung von Daten - z.B. in Abhängigkeit von Ereignissen neben der Online-Prozessierung und Anzeige auch die Archivierung vorzunehmen

Für Videodaten wird ein MPEG-1 Realtime-Encoder eingesetzt. Die Logbucheinträge werden den Informationen aus den Messdatenströmen nachträglich zeitlich zugeordnet.
Auswerteclienten können dynamisch Werte zusammenstellen, vom Server anfordern und auswertungsspezifisch präsentieren. Hierbei können Daten aus den Messwertströmen zeitrichtig mit einer Auflösung von 100ms in Videobilder eingeblendet werden.

4 Architektur der Lösung

4.1 Netz, Hardware und Kommunikation

Das wissenschaftliche Datenmanagement- und Anzeigesystem ist auf der Basis einer Client-/ Server-Architektur aufgebaut.
Die Front-End-Schnittstelle des DVS bietet als Standard für die Geräteanbindung TCP/IP bzw. für die serielle Ankopplung das marineübliche NMEA0183-Protokoll an.
Der Serverrechner (PC Pentium mit Linux) ist über Ethernet mit den Anzeige- und Auswerterechnern (PC mit Windows NT) verbunden. Die Kommunikation erfolgt über TCP/IP.
Der Serverrechner des DAVIS übernimmt die zentrale Speicherung der Messdaten in der Echtzeit- Datenbank BAPAS-DB. Er ist ein PC mit Suse- Linux. Ein redundanter Server, der auf derselben Datenbank arbeitet, wird von den Clienten eigenständig angesprochen, wenn diese den Ausfall des primären Servers erkennen.

Auf der FS Sonne ist das Wissenschaftsnetz mit den Front Ends als ein eigenständiges Netzsegment innerhalb der Rechnernetze ausgeführt. Fehlparametrierungen auf der Messwertclientenseite hat somit keine Auswirkung auf den Server selbst oder die Auswertemöglichkeiten.

Der DAVIS-Server ist hierfür mit einer zusätzlichen Ethernetkarte ausgestattet, damit die Telemetriedaten (NAV-Datenstring) direkt aus dem Navigations-/Telemetrienetz übernommen werden können. Das Telemetrie-Netz aber selbst ist entkoppelt. Das „alte" DVS baut auf einer VAX-Rechnerarchitektur auf und stellt die Daten über ein Shared Image als Schnittstelle für die Verteilung zur Verfügung.

Diese wird von dem Front End-Programm zur Datenübernahme genutzt. Die Übertragung an das DAVIS-System erfolgt mit TCP/IP.

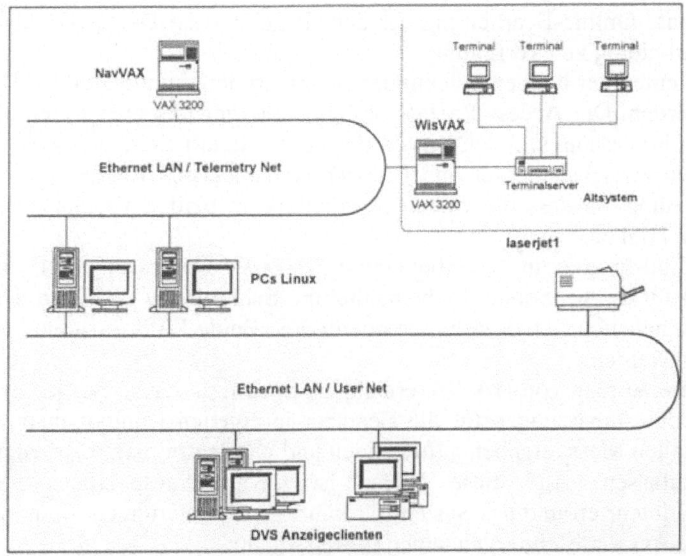

4.2 Softwarekomponenten / DAVIS

Das Messdatenmanagement-Produkt DAVIS ist Basis des DVS-Systems. Das DVS-System unterteilt sich in die Server- und Clientenkomponenten.

Die nachfolgende Abbildung stellt die wichtigsten Komponenten dar:

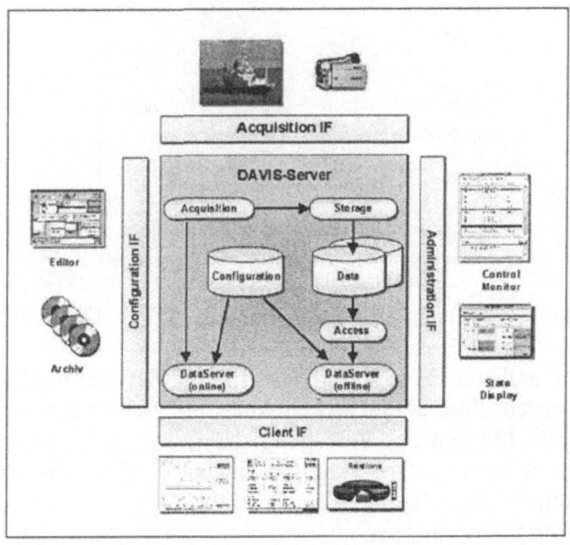

Der DVS-Server übernimmt die Daten aus dem Navigationsnetz (Front End), speichert diese in der Datenbank ab (Storage), bereitet diese für die Clientenfunktionen auf (Processing) und verteilt sie an die Clienten (Server). Diese Funktionskette bildet die sogenannte Online-Bearbeitung der aktuell gelieferten Daten. Daneben steht die Access-Bearbeitung zur Verfügung.
Von den Clienten her können Selektionen innerhalb der abgespeicherten Daten vorgenommen werden. Der Access-Prozess selektiert die gewünschten Daten und übergibt diese an das Processing und den Server, der sie wiederum an die Clienten verteilt. Die Schnittstellen zwischen Server und Clienten sind identisch für die Online- und Access-Bearbeitung, so dass die Clientenprogramme in beiden Varianten direkt eingesetzt werden können.
Das Front End-Programm zur Übernahme des NAV-Datenstrings ist eine spezielle Applikation für die FS Sonne. Es beinhaltet die Schnittstelle zwischen den bestehenden und den neuen auf DAVIS basierenden DVS. Beide DVS-Systeme können parallel betrieben werden.
Der modulare Aufbau von DAVIS, erlaubt es, Spezifika der Sensorik sowie spezielle Lösungen oder Anpassungen für die Benutzer in eigenen Komponenten zu isolieren und die bei allen Messaufgaben auftretenden und parametrierbaren Arbeiten im Server zusammenzufassen. Auf diese Weise ist die marinespezifische Schnittstelle NMEA0183 integriert und das System für künftige Erweiterungen offen, ohne dass es etwa auf die Auswerteseite irgendeinen Einfluss hätte.
Die grafische Parametrierung der Schnittstellen erlaubt den Wissenschaftlern die leichte Integration ihrer mitgebrachten Sensorik.

Display des Zustandes der Kommunikation zu einer Datenquelle:

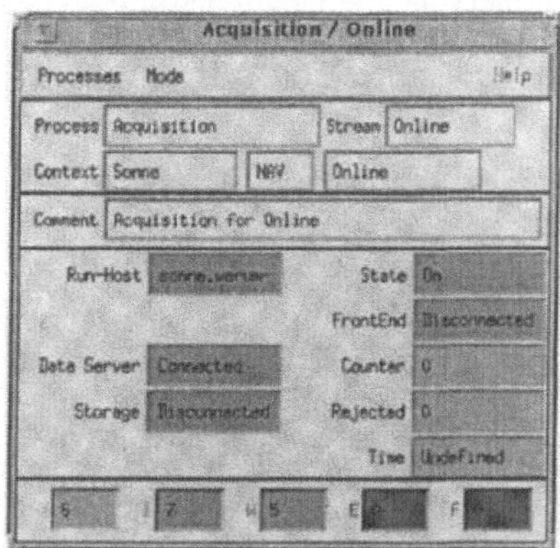

Der Server umfasst alle zentralen Funktionen des DVS. Die Clienten erhalten die Daten aufbereitet von dem Server.
Die DVS-Clienten enthalten Programme, die mit den Serverprozessen auf dem DVS-Server kommunizieren. Zum einem stehen Anzeige-Clienten für die Darstellung verschiedener Werte in Masken zur Verfügung, zum anderem können Export-Clienten für die Selektion in verschiedene Dateiformate als auch zu Weiterverteilung über serielle Schnittstelle benutzt werden.

Auch die Lenkung der Daten an Clienten wird in der Konfiguration beschrieben. Sie kann für jedes Experiment geändert werden:

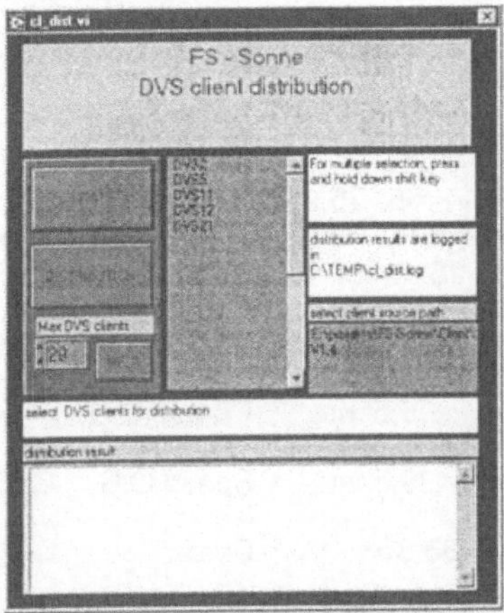

DAVIS erlaubt, die Konfiguration im laufenden Versuch zu ändern und ist in der Lage, bei der Wiedergabe die jeweils zum einzelnen Messwert gültigen Einstellungen zu berücksichtigen.
Die Verwaltung der Konfigurationsdaten erfolgt ebenfalls an der zentralen Datenbank. Über ein Konfigurationsinterface werden dialoggestützt die zu den einzelnen Messungen gehörenden Parameter für deren Interpretation und Verarbeitung sowie Versuchsmetadaten beschrieben.

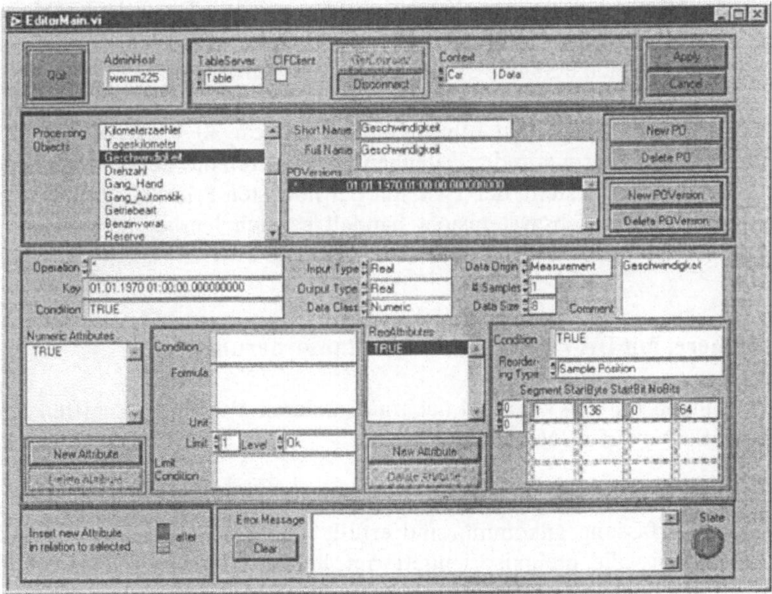

Anzeigen an den Clienten können aus den vorhandenen Daten beliebig abgeschickt werden. Das führt zu sehr gut spezifisch angepassten Layouts.
Online-Anzeige der Tracking-Daten an einem Anzeige-Clienten auf der Brücke:

Track

UTC Sensor	UTC Date	UTC Time	Mission Name
ANP	31.03.1998	04:36:36	Probefahrt
Position Sensor	**Position Latitude**	**Position Longitude**	**Measure Name**
GPS	26° 36,31' N	56° 25,99' E	

FS Sonne
Sonne Client Version 1.5
werum
software & systems

Next WP Lat.		26° 34,50' N	Position Lat.	GPS	26° 36,31' N
Next WP Lon.		56° 19,00' E	Position Lon.	GPS	56° 25,99' E
Dist. Next WP		6.5 nm	Course O.G.		256.8 °
Dist. Off Track		-29.5 m	Speed O.G.	GPS	11.7 Kn
Time Next WP		00:33:35	Gyro	GY	257.2 °
Rel. Wind Dir.		15.1 °	Dolog	GY	-0.0 m/s
Rel. Wind Speed		10.9 m/s	Drift	FIL	1.4 Kn
Depth	HS	77.4 m	Set	FIL	74.4 °
	PS	0.0 m			

Help F1 | F2 | Range F3 | F4 | Print F5 | Exit ESC | Data

Auf Basis der archivierten Rohdaten können beim Replay die Parameter, die die Interpretation der Werte festlegen, nochmals geändert werden. Das erlaubt, Messungen, die unter unterschiedlichen Bedingungen vorgenommen wurden, vergleichbar zu machen oder nachträglich erkannte systematische Berechnungsfehler zu korrigieren.

Es wird das Prozesskonzept von Linux genutzt, um ca. 30 Prozesse von Davis zu handhaben. Die Archivierung in der Datenbank wird durch die Echtzeit-Eigenschaften von BAPAS-DB sicher gestellt, der Task mit der höchsten Priorität wird die Zugriffszeit garantiert. Aus Betriebssystemsicht handelt es sich hierbei um einen Prozess, innerhalb dessen BAPAS-DB die Tasks selbst verwaltet.

6 Weitere, mit DAVIS gelöste Echtzeitanforderungen

Analoge Lösungen mit DAVIS sind auch auf anderen Forschungsschiffen realisiert, bei denen die Server auf SUN basieren.

Höhere zeitliche Anforderungen als in diesen Systemen, bei denen es auf die ausfallsichere Langzeiterfassung ankommt, sind erfüllt worden bei Einsätzen von DAVIS zur Datenerfassung, die ereignisorientiert mit hohen Datenraten über beschränkte Zeiträume vorgenommen wird. Dazu gehören mobile Messdatenmanagementsysteme wie zum Beispiel zur Aufnahme von Mess- und Videodaten im fahrenden Auto.

Multimedia Home Platform (MHP) für das digitale Fernsehen (DVB)

Dietrich Sauter

Institut für Rundfunktechnik

Entwicklungsplanung
Öffentlichkeitsarbeit

Kurzfassung:

Mit der Multimedia Home Platform wird das digitale Fernsehen mit einer einheitlichen Bedienplattform bedient, d.h. der Zuschauer braucht nur eine Set-Top-Box für den Empfang aller digitalen Sender. Heute verfügbare Empfänger können lediglich das digitale Programmangebot und die Zusatzdienste des jeweiligen Anbieters der Set-Top-Box empfangen, nicht jedoch die vielfältigen Zusatzangebote anderer Anbieter, die einen wesentlichen Mehrwert dieser neuen Technik darstellen. Mit dem MHP-Standard wird es möglich sein, alle Angebote der verschiedenen Programmanbieter zu empfangen. Der MHP-Entwurf wird in verschiedenen Profiles realisiert. Es werden dabei Boxen mit einfachen Empfangseigenschaften bis hin zu multimedialen Geräten mit Internet-Anschluss auf den Markt kommen. Die Multimedia Home Platform wurde bei ETSI zur Standardisierung eingereicht. Das Institut für Rundfunktechnik (IRT) wird zu diesem Standard eine Referenzimplementierung schaffen. Diese soll der Überprüfung des Funktionsumfangs dienen und gleichzeitig etwa vorhandene Unschärfen in der Formulierung aufklären helfen. Auf einer marktüblichen PC-Plattform wird dazu die Spezifikation (ausgenommen HW-spezifische Teile) ausschließlich in JAVA realisiert. Das Ergebnis wird Programmanbietern und Herstellern für die Entwicklung und Überprüfung ihrer Produkte zu Verfügung stehen.

Einführung

Ausgangspunkt der MHP-Spezifikation bei DVB

Seit 1994 existieren für die Übertragung von digitalen Fernsehsignalen für die Komponenten Audio, Video und Service Informationen (SI) Standards, welche erfolgreich in Set-Top-Boxen und digitalen Fernsehgeräten eingesetzt werden.

Die Digitalisierung erlaubt die Übertragung von immer mehr Fernsehprogrammen, aus deren Vielzahl der Zuschauer nur mit Hilfe geeigneter Instrumente wie ‚Electronic Programme Guides' (EPGs) interessante Inhalte aussuchen kann. Diese Hilfsmittel sind von Rundfunk-Anbietern programmierte Applikationen, die wie andere interaktive Dienste übertragen werden und auf dem Endgerät ablaufen. Das (Application Programming Interface) API ist ein Set von Funktionen, die der Programmierer benutzt, um seine Inhalte im Endgerät darstellen zu können. Für ein solches API fehlte aber bislang ein verbindlicher Standard.

Neue Dienste auf dem Fernsehgerät und ihr wirtschaftliches Medienumfeld

Neue Dienste im digitalen Fernsehen wurden zunächst unter Verwendung proprietärer Systeme wie OpenTV und Media Highway in mehreren europäischen Ländern eingeführt. In Deutschland gibt es regelmäßige Ausstrahlungen interaktiver Sendungen und EPGs durch die ARD, das ZDF und RTL. Einige der ARD- und ZDF-Applikationen bzw. Formate, sowie andere interaktive Applikationen wurden durch das IRT bereits ansatzweise in MHP umgesetzt und demonstriert.

In anderen europäischen Ländern ist man mit der Realisierung interaktiver Dienste bereits weiter fortgeschritten. In Frankreich, England und Spanien gibt es bereits interaktive Dienste mit Rückkanal, Homeshopping, Homebanking und E-Mail. Auch hier werden aber bislang noch proprietäre Systeme wie OpenTV und Media Highway eingesetzt.

Auswirkungen auf den Rundfunk

Betrachtet man die Auswirkungen von MHP im Medienumfeld, so kann man zeigen, daß die viel beschworene Konvergenz der Medien weiter zur Realität werden wird. Wenn die bislang proprietären APIs in ein standardisiertes API münden, wird die Präsenz von ARD/ZDF-Applikationen erstmals auf allen Plattformen möglich. Applikationen müssen nicht wie bisher mehrfach in verschiedenen Standards erstellt werden, um auf unterschiedlichen Set-Top-Boxen zu funktionieren.

Dem Zuschauer können mit EPGs und ähnlichen Applikationen Informationen zu Sendungen gegeben werden, die ihn interessieren und er kann zu den entsprechenden Sendungen geführt werden. Bei interaktiven Spielsendungen können Zuschauer leicht eingebunden werden, besonders wenn der Rückkanal durch Betätigung nur einer Taste aktiviert werden kann.

Das alles sind Vorteile, die die Interaktivität dem Rundfunkanbieter gewährt. Sie müssen nur genutzt werden.

Das Institut für Rundfunktechnik demonstrierte mehrfach in Zusammenarbeit mit EBU und EACEM den Stand der internationalen Standardisierung des sogenannten API für DVB-Set-Top-Boxen. Durch die Implementierung der standardisierten, Java-zentrischen Softwareschnittstelle (DVB-Java-API) sollen zukünftig alle Programmangebote auf allen Set-Top-Boxen genutzt werden können.
Ein weiteres bedeutsames Thema ist die Ressourcenverwaltung in der Box. Hierzu gibt es sehr unterschiedliche Betrachtungsweisen bei Geräteherstellern, Netzbetreibern und Broadcastern, wer den Zugang von Applikationen zu Ressourcen regeln darf und wer für die Integrität der Box verantwortlich ist: Ist es der Nutzer (Zuschauer) oder der Besitzer (Institution) der Box? Das IRT hat sich hier sehr für den Zuschauer eingesetzt. Auch arbeiten wir an der Sichtweise, was einem Zuschauer überhaupt an Kenntnissen und Entscheidungen zumutbar ist. Soll, muss, kann oder darf er bei Problemen eingreifen, wenn beispielsweise der Speicherplatz für Applikationen erschöpft ist? Wird es neben unterschiedlichen Bedienungskonzepten in unterschiedlichen Boxen evtl. auch in ein- und derselben Box unterschiedliche Benutzerprofile geben?

Phasen der Standardisierung

Stufenweise Erstellung von DVB-Spezifikationen

TV-Übertragung (Satellit, Kabel, terrestrisch...)
Service-Informationen SI
Interaktive Dienste über den Rückkanal
Multimedia Home Platform MHP mit Application Programming Interface API als Kernelement (Software!)

Das DVB-Projekt hat mit der "Multimedia Home Platform" nun einen ersten einheitlichen Standard für die Softwareschnittstelle universell einsetzbarer Set-Top-Boxen entwickelt. Diese Schnittstelle steht allen Programmanbietern und allen Geräteherstellern gleichermaßen zur Verfügung. Die MHP-Spezifikation erlaubt zudem Migrationslösungen: Spezielle Software-Layer haben eine Art Emulationsfunktion und machen Dienste, die bisher ausschließlich an proprietäre Lösungen gebunden waren, nun auch zu Set-Top-Boxen kompatibel, die dem MHP-Standard entsprechen.

DVB-Options

Digitale Set-Top-Boxen erschließen nicht nur klassische Fernsehdienste, wie sequentiell von einem Sender an viele Empfänger ausgestrahlte Programme;

sie ermöglichen auch den Zugang zu ganz neuen Diensten und Programmformen, die dem Empfänger interaktive Rückmeldungen und damit eine individuelle Inhaltsauswahl und Programmgestaltung erlauben.
Grundsätzlich lassen sich digitale Set-Top-Boxen auch für den schnellen Internet-Zugang über Kabel und Satellit einsetzen – mit dem Fernsehbildschirm als Anzeigemedium. Insgesamt unterscheidet die MHP-Spezifikation drei Profile: Enhanced Broadcast, Interactive Broadcast und Internet Access.
Alle Zusatzfunktionen, die über den Empfang von Fernsehprogrammen hinausgehen, erfordern allerdings Empfangsgeräte, die in der Lage sind, vom Sender ausgestrahlte Softwarebefehle abzuarbeiten – ganz ähnlich wie ein Computer. Die hierzu nötige Ausstattung aber war bisher nicht standardisiert. Einige Programmanbieter haben deshalb eigene, proprietäre Set-Top-Boxen, auf den Markt gebracht. Dies war bisher ein Hindernis auf dem Weg zu einem breiten, horizontalen Markt für digitale Empfangsgeräte. Durch die Standardisierung wird auch öffentlich-rechtlichen Rundfunkanstalten ermöglicht, ihre Zusatzangebote (z.B. den EPG) auf allen Set-Top-Boxen darzustellen.

Multimedia Infrastruktur & Wertschöpfungskette

So entstanden in den letzten Jahren mehrere proprietäre API-Systeme da bislang ein verbindlicher Standard hierfür fehlte. Die Folge war eine Fragmentierung der Märkte (vertikale Märkte), ausgelöst durch die verschiedenartigen nicht kompatiblen Systeme. Um diesen Zersplitterungseffekt zu vermeiden, beschloss man schließlich bei DVB, einen europäischen Standard für eine Multimedia Home Plattform (MHP) und für ein entsprechendes API zu erstellen, dadurch soll ein horizontaler Markt ermöglicht werden.

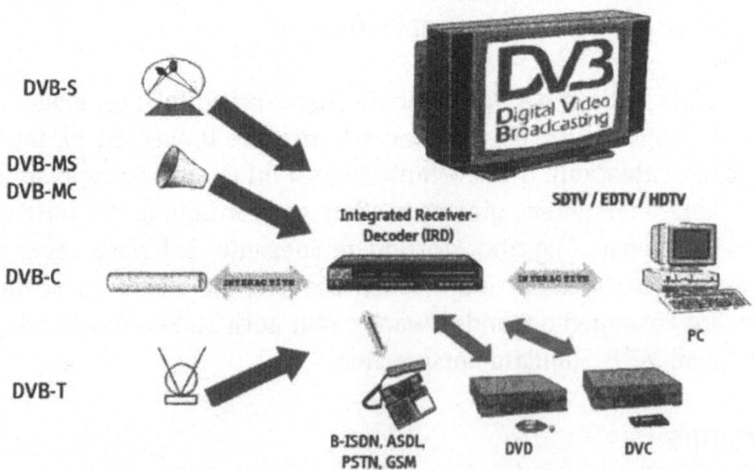

Grundziele der Standardisierung

ein Brückenschlag zwischen

- der Hardware- und Software-Welt
- der Consumer- und Computer-Welt
- existierenden und zukünftigen geschäftlichen Strukturen für einen evolutionären Übergang
- von den heutigen fragmentierten vertikalen Märkten
- in einen zukünftigen unfragmentierten horizontalen Markt

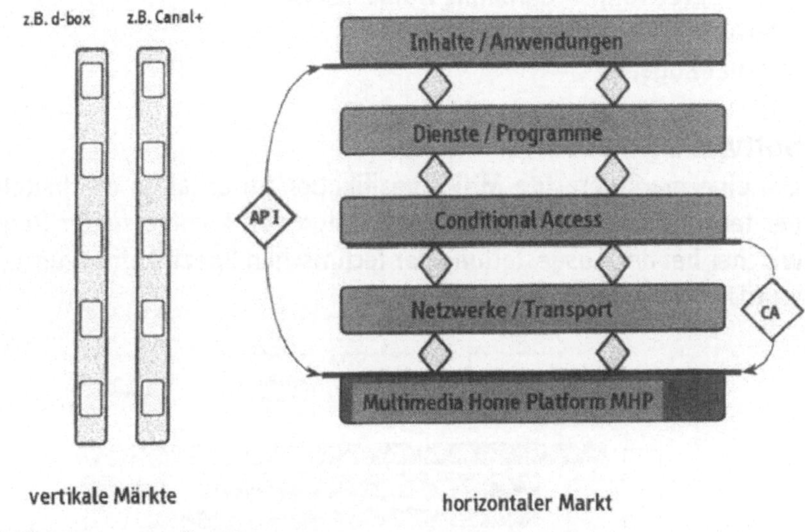

© IRT/EÖ Dietrich Sauter MHP-Übersicht – IRT-Referenz-Implementierung August 2000 Folie: 2

Grundsätzliche Anforderungen

- Interoperabilität
- Evolution, Skalierbarkeit, Rückwärtskompatibilität
- Modularität, Stabilität
- Migration
- basierend auf offenen Standards
- Upgrade- und Downloadfähigkeit
- kontrollierte Weiterentwicklung
- generisches API getrennt von Conditional Access (CA)

Das API baut auf einer "Java Virtual Machine" auf, die mit Hilfe entsprechender Bibliotheken den Funktionsumfang des API bestimmt. Diese Funktionalitäten, welche in jeder Set-Top-Box lokal vorhanden sind, können auch ohne die Übertragung zusätzlicher Funktionen genutzt werden. Sie müssen im Zuge der Standardisierung auf ihre Verwendbarkeit zur Realisierung der fest eingeplanten ARD/ZDF-Applikationen (EPG, Online-Kanal, Lesezeichen) sowie der weiteren, in Zukunft beabsichtigten Dienste der Rundfunkanstalten untersucht werden.

Anwendungsorientierte Anforderungen

Moderne Fernsehdienste mit lokaler Interaktivität (Enhanced Broadcasting)
Benchmark Anwendungen
 Eingebauter Navigator
 Electronic Programme Guide (EPG)
Interaktive Dienste mit Rückkanal
Internet Zugang

Software Struktur

Um eine marktgerechte MHP-Spezifikation zu erhalten erarbeitete man vor der technischen Spezifikation ein Katalog von kommerzieller Requirements, welcher bei der Ausgestaltung der technischen Spezifikation zugrunde gelegt wurde.

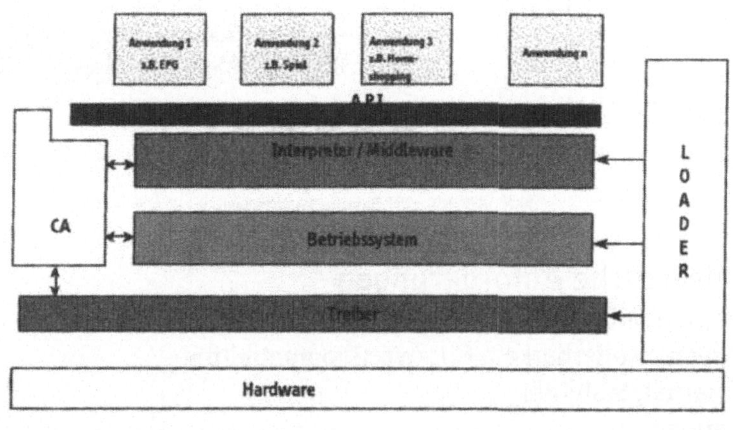

DVB und Java

Nach langem Auswahlprozess entschied man sich für die Programmiersprache Java als Basis für das API, mit zusätzlichen fernsehspezifischen Erweiterungen. Darüber hinaus wurde die Trennung von API und Conditional Access (CA) gefordert (nicht jedoch ein bestimmtes CA-System), und als Schnittstelle das Common Interface (CI) favorisiert. Um auch Dienste wie sie im Internet existieren aufbauen zu können wurde eine Option zur Darstellung von HTML-Inhalten vorgesehen.

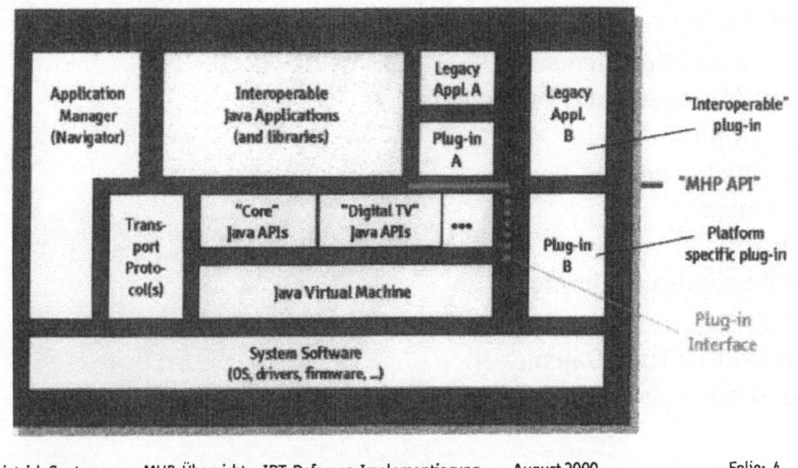

© IRT/EÖ Dietrich Sauter MHP-Übersicht – IRT-Referenz-Implementierung August 2000 Folie: 4

Application Areas und Profile

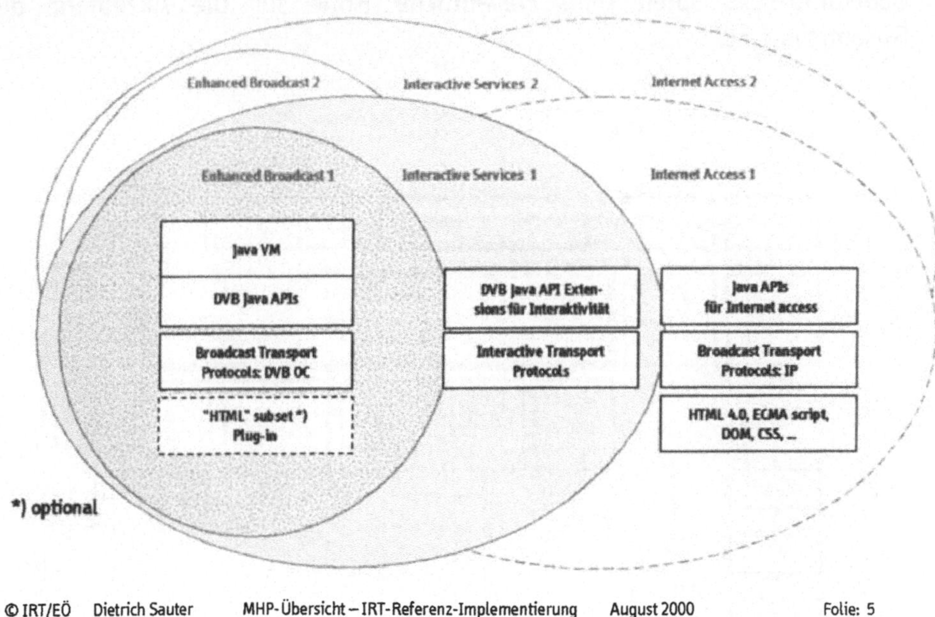

© IRT/EÖ Dietrich Sauter MHP-Übersicht – IRT-Referenz-Implementierung August 2000 Folie: 5

Zur Abbildung der geplanten Dienste wurden drei sogenannte ‚Profiles', das ‚Enhanced Broadcast Profile', das ‚Interactive Broadcast Profile' und das Internet ‚Access Profile' geplant und im Februar 2000 in die MHP Spezifikation 1.0 umgesetzt, welche im Mai 2000 bei ETSI eingereicht wurde.

MHP ist mehr als nur ein API

Weitere wichtige Elemente:

- •'Copy Management & Protection'
- •Signalling
- •Operational models
- •Migration
- •'Security'
- •Applikationsausführung
- •Inhalte
- •Persönliche User-Daten
- •Übertragungssicherheit

Interfaces

Das API hat zu den anderen Teilen der MHP-Implementierung definierte Interfaces. Diese beziehen sich einerseits auf die Transportschichten, andererseits auf die notwendigen Teile zur Verarbeitung von Audio und Video. Das User-Interfaces spielt eine wesentliche Rolle für die Akzeptanz des Gesamtsystems.

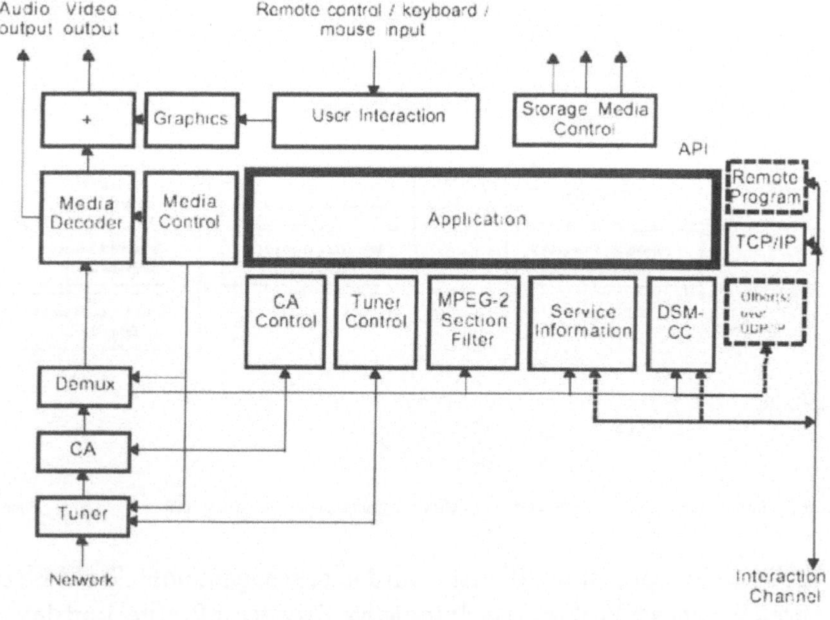

© IRT/EÖ Dietrich Sauter MHP-Übersicht – IRT-Referenz-Implementierung August 2000 Folie: 6

Broadcast Channel Protokolle
Der ankommende MPEG-2 Transportstrom kann auf drei Wegen an das API gelangen. Einmal wird über DSM-CC Section, -Data Carousel, User to User Object und Object Carousel der Datenstrom aufbereitet, ein weiterer Weg ist die DVB Multiprotocol Encapsulation oder auch der direkte Weg über DVB-SI (Systeminformation).

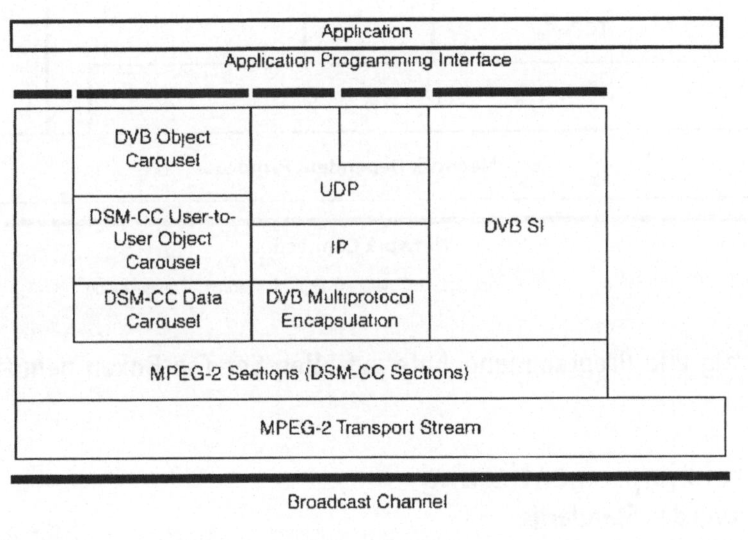

Return Channel
Die Ausprägung des Return Channels ist abhängig vom angestrebten Profil. Für die interaktive Variante über das Internet wird TCP/IP und http erforderlich. Die RPC- und UDP-Komponenten sind optional. DSM-CC wird in allen Profilen eingesetzt.

Arbeiten des IRT

- Mitarbeit an der Spezifikation
- Bau eines Demonstrators
- Realisierung einer Referenz-Implementierung mit der Industrie

Das Institut für Rundfunktechnik demonstrierte mehrfach in Zusammenarbeit mit EBU und EACEM den Stand der internationalen Standardisierung des sogenannten API für DVB-Set-Top-Boxen. Durch die Implementierung der standardisierten, Java-zentrischen Softwareschnittstelle (DVB-Java-API) sollen

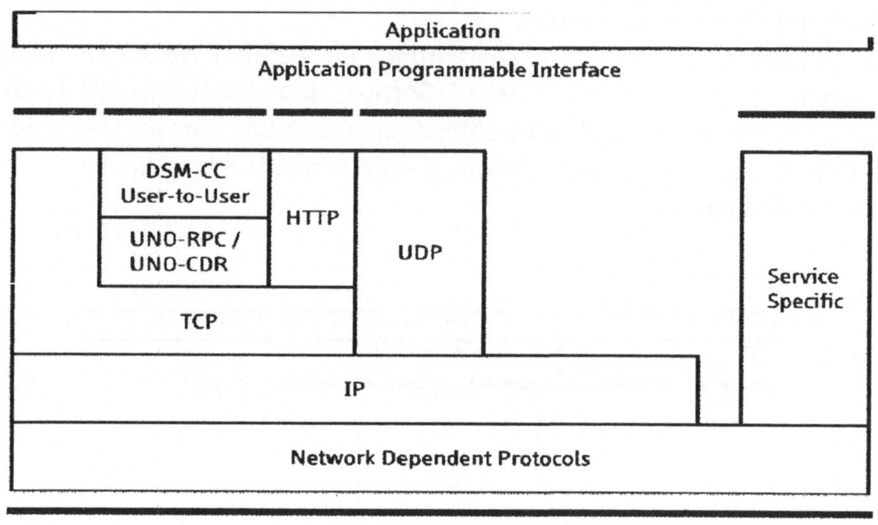

zukünftig alle Programmangebote auf allen Set-Top-Boxen genutzt werden können.

Referenzimplementierung

Sicherung des Standards

- Testen der generellen Implementierbarkeit weitgehend ohne Beschränkungen einer realen HW-Plattform
- Überprüfen des Funktionsumfangs
- Konsistenzprüfung der Elemente des Standards
- Aufdecken etwaiger Unschärfen bzw. Lücken
- Förderung der Markteinführung
- Nachweis, dass existierende Applikationen lauffähig sind
- Ebnen des Weges vom Standard zum Produkt MHP
- Grundlage für Compliance- und Performancetests von MHP-Implementierungen

Umfang der MHP-Referenzimplementierung

Die RI umfasst alle Elemente des Standards mit Ausnahme der HW-spezifischen Teile

- Operating System–Application Management, Security Manager, ...
- I/O–Section Filtering, SI, Service Selection, DSM-CC, ...
- User Interface
- HAVi incl. Transparency

- Applications
- Stimuli auf Funktionsebene
- Testapplikationen

MHP-RI als Basisprojekt

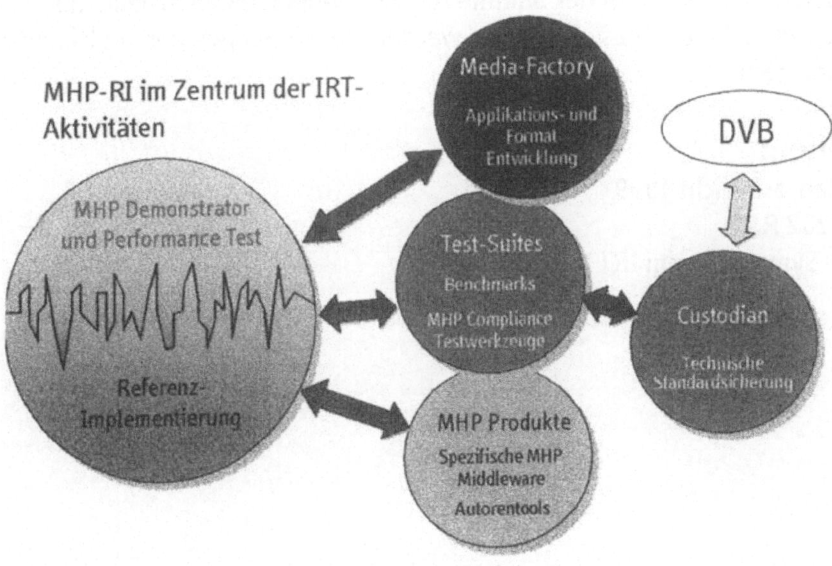

© IRT/EÖ Dietrich Sauter MHP-Übersicht – IRT-Referenz-Implementierung August 2000 Folie: 9

Zukunft

- Endgültige Spezifikation im Februar 2000 verabschiedet
- Präsentation erster MHP-Implementierungen zur FKTG 2000/IBC 2000
- Markteinführung
- Geräte verfügbar Ende 2000
- existierende vertikale Märkte müssen sich individuell in Richtung auf den horizontalen Markt entwickeln
- Weiterentwicklung des MHP-Standards im offenen Forum
- Herunterladen verbesserter APIs
- permanentes MHP-Upgrading

Fazit

Erste Erfahrungen mit Applikationen unter dem neuen Java-basierten API haben wir gemacht, indem einige Test-Applikation programmiert wurden. Beispielsweise wurden Teile des ARD/ZDF-"Electronic Program Guide" im gleichen "look and feel" der Open-TV-Applikation versuchsweise auf Java-Basis realisiert. Diese Applikation haben wir auf einer Set-Top-Box-Entwicklungsplattform eines Geräteherstellers installiert und die Funktionsfähigkeit und Darstellungstreue getestet.

Die neuen Dienste und Features, welche durch die Interaktivität ermöglicht werden, bieten somit in der Summe für den Kunden einen erheblichen Mehrwert. Die Anbieter dieser Dienste werden die Gewinner der multimedialen Zukunft sein.

Quellen:

IRT-Jahresbericht 1999
Tam 232 R16
MHP-Symposium im IRT Juli 2000

Die kombinierte Verwendung von UML und PASS

Albert Fleischmann
Burgfriedenstr. 16
85276 Pfaffenhofen

1 Einleitung

Die Welt funktioniert hochgradig parallel. Bedeutet Programmieren, dass ein Ausschnitt dieser Welt modelliert wird, muß es die Möglichkeit geben Parallelität auszudrücken. Ein Programm, das nach seiner Entstehung selbst Teil dieser Welt wird, tauscht mit seiner parallelen Umgebung Informationen aus. Diese Umgebung kann aus Menschen, technischen Systemen oder anderen Programmen bestehen. Der Austausch von Informationen zwischen parallelen Systemen erfolgt in der Regel asynchron, d.h. irgendeine Komponente eines Systems sendet Signale an eine andere Komponente.
Programme bilden sehr oft das Bindeglied zwischen drei Umgebungselementtypen. Das Zusammenwirken von Menschen, technischen Systemen und Programmen schafft integrierte Lösungen für technische oder organisatorische Probleme.
Je nachdem, ob die Lösung im mehr technischen oder organisatorischen Bereich liegt, kann zwischen Programmen zur Steuerung technischer Systeme (Realzeitprogramme, Realzeitsysteme) oder Programmen zur Steuerung bzw. Unterstützung organisatorischer Systeme (Workflowsysteme) unterschieden werden. Im folgenden sollen diese Typen von Programmsystemen als aktive Systeme bezeichnet werden.
Informationssysteme können als ein sehr bedeutender Spezialfall für ein Workflowsystem betrachtet werden. Die einzige Interaktion zwischen den Benutzern eines Informationssystems besteht darin, dass sie gleichzeitig auf bestimmte Informationen oder Funktionen eines Systems zugreifen wollen. Dadurch, dass die Interaktion zwischen den Benutzern eines Informationssystems so stark 'standardisiert' ist, besteht bei der Analyse solcher Programme nicht die Notwendigkeit, die Interaktion zwischen den beteiligten Menschen oder weiteren Programmen explizit zu betrachten. Es muß lediglich sichergestellt werden, dass die Benutzung von Funktionen und Informationen durch mehrere Benutzer geordnet (synchronisiert) abläuft. Ein wesentliches Kennzeichen von Informationssystemen ist, dass sie in der Regel passiv sind, d.h. die Initiative geht immer von den Benutzern aus und das Programmsystem reagiert nur.
Ausgehend von diesen Überlegungen soll im folgenden untersucht werden, inwieweit bestimmte Konzepte, Sprachen und Methoden der Programmentwicklung für die Entwicklung von Realzeitsystemen, Workflowsystemen oder Informationssystemen geeignet sind. Insbesondere sollen dabei die Sprachen UML und SAPP/PASS betrachtet werden und es soll aufgezeigt werden, wie sich die beiden Konzepte ergänzen, um die Implementierung von aktiven Systemen zu erleichtern.
UML und SAPP/PASS unterstützen durch entsprechende Werkzeuge die Beschreibung von Systemstrukturen und die Generierung von Programmcode. Es zeigt sich bei beiden Ansätzen, dass nur die automatische Codegenerierung für die jeweiligen Basiskonzepte unterstützt wird. Durch die kombinierte Benutzung der entsprechenden Werkzeuge kann der Anteil des aus einer Spezifikation generierten Codes erhöht werden.

2 UML

UML steht für Unified Modelling Language und diese Sprache entstand durch die Zusammenführung verschiedener Modellierungskonzepte für Programmsysteme. UML befasst sich mit der Dokumentation eines Systems und all seiner Einzelheiten. UML wurde bereits in den Bereichen Informationssysteme, Finanzdienstleistungen, Telekommunikation, Transportwesen, Verteidigung, Einzelhandel, Medizinelektronik, etc. eingesetzt.

2.1 Grundkonzepte von UML

Als Strukturelemente gibt es in UML Klassen, Schnittstellen, Kollaborationen, Anwendungsfälle, aktive Klassen, Komponenten und Knoten.

Zur Beschreibung der Dynamik eines Systems werden sogenannte Verhaltensweisen verwendet. Sie repräsentieren das Verhalten in Raum und Zeit. Zur Definition von Verhaltensweisen werden Automaten eingesetzt.
Mehrere Strukturelemente und auch Verhaltensweisen können zu Paketen oder Kollaborationen zusammengefasst werden.
In UML gibt es vier Arten von Beziehungen zwischen den Strukturelementen:

- Abhängigkeit (Dependency)
  Eine Abhängigkeit spezifiziert, dass eine Änderung an einer Sache eine andere Sache, die sie benutzt beeinflussen kann, aber nicht notwendigerweise umgekehrt. In UML sind zahlreiche Arten von Abhängigkeiten vordefiniert (ca. 15 Arten). Ein Beispiel einer Abhängigkeit ist, wenn eine Klasse eine bestimmte Schnittstelle einer anderen Klasse benutzt.
- Assoziation
  Assoziationen werden verwendet, um Strukturbeziehungen zu beschreiben. Gewöhnlich ist eine Assoziation eine Beziehung zwischen zwei Klassen. Ein Beispiel für eine Assoziation zwischen den Klassen Unternehmen und Mitarbeiter ist „Unternehmen beschäftigt Mitarbeiter". Zwischen der Klasse Unternehmen und der Klasse Mitarbeiter besteht die Assoziation 'beschäftigt'. Assoziationen können vielfältige Eigenschaften haben, auf die hier nicht näher eingegangen werden soll.
- Generalisierung
  Eine Generalisierung ist eine Beziehung zwischen etwas Allgemeinem (der Oberklasse) und etwas Speziellerem (der Unterklasse). Sie entspricht somit weitgehend dem Konzept der Vererbung.
- Realisierung
  Eine Realisierungsbeziehung existiert zwischen Schnittstellen (Interfaces) und den sie ausführenden Klassen oder Komponenten sowie zwischen Anwendungsfällen und den sie ausführenden Kollaborationen.

2.2 *Verfügbare Diagramme*

Die in UML verfügbaren Diagramme werden benutzt, um ein System aus verschiedenen Perspektiven zu visualisieren. Dabei werden die verschiedenen Strukturelemente und/oder Verhaltensweisen in ihren verschiedenen Beziehungen miteinander und untereinander gezeigt. Dasselbe Element kann dabei in mehreren, theoretisch in allen, oder keinem (sollte selten der Fall sein) Diagramm auftauchen. Im folgenden werden die in UML verwendeten Diagrammarten kurz beschrieben. Dabei werden bei weitem nicht alle möglichen Besonderheiten erklärt. Dazu sei auf die entsprechende zahlreiche Spezialiteratur verwiesen. Es werden nur die Aspekte der einzelnen Diagrammarten erläutert, soweit sie für die Beziehung zu SAPP/PASS notwendig sind.

2.2.1 Diagramme zur Beschreibung der statischen Aspekte:

Diese Diagramme werden bei der Verwendung von UML am häufigsten eingesetzt.

1. Klassendiagramm (Class diagram)

Ein Klassendiagramm zeigt eine Menge von Klassen, Schnittstellen, Kollaborationen und deren Beziehungen (Abhängigkeit, Generalisierung und Assoziationen). 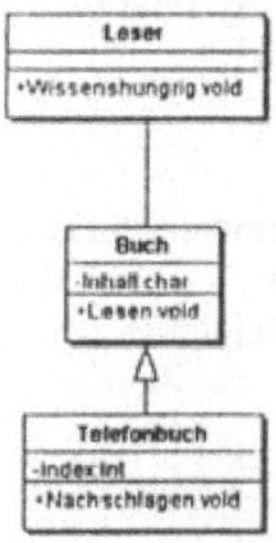
Klassendiagramme sind der am häufigsten verwendete Diagrammtyp bei der Entwicklung objektorientierter Systeme.
Die dreigeteilten Rechtecke repräsentieren die jeweiligen Klassen. Der obere Teil enthält den Namen der Klasse, der mittlere Teil die Attribute (Variable) und der untere Teil die von der Klasse zur Verfügung gestellten Operationen.
Die verschiedenen Verbindungslinien zwischen den Klassen definieren die jeweiligen Beziehungen.
Von der Klasse Leser gibt es eine Assoziation zur Klasse Buch, d.h. Objekte der Klasse Leser können zu Objekten der Klasse Buch navigieren (unidirektionale Assoziation). In diesem Fall kann man also zu einem Leser ermitteln, welches Buch er liest.
Die Klasse Telefonbuch ist von der Klasse Buch abgeleitet. Sie ergänzt die Klasse Buch mit den Attributen Index und der Operation Nachschlagen.

Enthält ein Klassendiagramm aktive Klassen (Aktive Klassen entsprechen entweder Prozessen oder Threads, siehe auch den entsprechenden Abschnitt weiter unten), dienen Klassendiagramme der Darstellung der statischen Prozeßsicht. Das Symbol für aktive Klassen ist ein stark umrandetes Rechtecke.

2. Objektdiagramm (Object diagram)

Objektdiagramme modellieren Instanzen von Klassen wie sie in den Klassendiagrammen enthalten sind. Ein Objektdiagramm zeigt somit eine Menge von Objekten und seine Beziehungen, wie sie zu einem bestimmten Zeitpunkt im System existieren (Momentaufnahme).

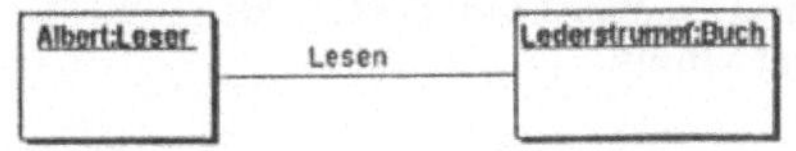

3. Komponentendiagramm (Component diagram)

Komponentendiagramme dienen zur Modellierung der physischen Aspekte eines objektorientierten Systems. Komponentendiagramme enthalten üblicherweise Komponenten, Schnittstellen, Abhängigkeits-, Generalisierungs-, Assoziations- und Realisierungsbedingungen. Komponentendiagramme werden in der Regel verwendet zum Modellieren von Sourcecode, ausführbaren Versionen, physischen Datenbanken und adaptiven Systemen.

Das obige Komponentendiagramm zeigt den sehr einfachen Fall, dass den Klassen Leser und Buch jeweils eine Komponente entspricht, d.h. jede Komponente entspricht z.B. einer dll oder Java Datei. Eine Komponente Leser benutzt die Komponente Buch über die Schnittstelle „Schnittstelle".

4. Einsatzdiagramm (Deployment diagram)

Einsatzdiagramme werden ähnlich wie Komponentendiagramme zum Modellieren der physischen Aspekte eines objektorientierten Systems verwendet. Einsatzdiagramme zeigen die physischen Objekte, die über Speicher und Rechenleistung verfügen und dienen dazu, zu modellieren, welche Komponenten und Objekte auf welchem Knoten laufen.

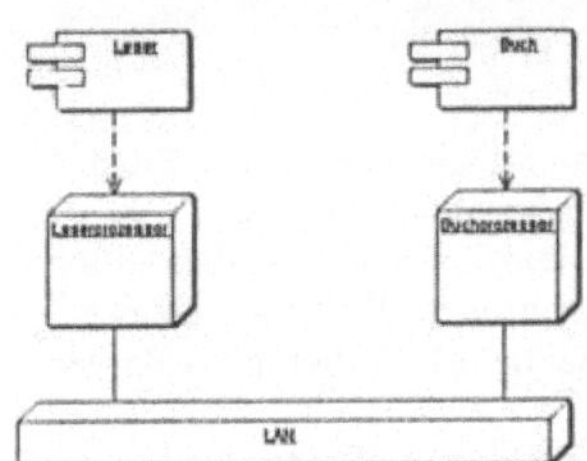

Das Beispiel zeigt die drei Knoten Leseprozessor, LAN (Netzwerk, mit dem die anderen Knoten verbunden sind) und Buchprozessor. Die Komponente Leser läuft auf dem Knoten Leseprozessor und die Komponente Buch wird auf dem Knoten Buchprozessor ausgeführt. Die beiden Knoten Leseprozessor und Buchprozessor haben eine Abhängigkeit vom Knoten LAN.

2.2.2 Diagramme zur Beschreibung der dynamischen Aspekte

1. Anwendungsfalldiagramm (Use-Case diagram)

Anwendungsfalldiagramme zeigen die Beziehung zwischen den Akteuren und den Anwendungsfällen d.h. es stellt das externe Systemverhalten aus der Sicht des Anwenders dar. Diese Diagramme bilden somit den Kontext und die Gliederung für die Beschreibung, wie mit einem Geschäftsvorfall umgegangen wird. Ein Geschäftsvorfall ist Bestandteil eines umfangreichen Geschäftsprozesses.

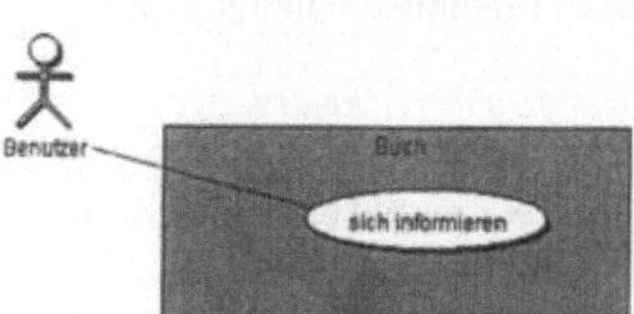

Anwendungsfälle beschreiben, was ein Benutzer zu einem Zeitpunkt an einem Anwendungssystem macht, um einen Geschäftsvorfall in einem umfassenderen Geschäftsprozess zu bearbeiten. Anwendungsfälle definieren somit, welche Teile eines Geschäftsprozesses durch das zu erstellende System unterstützt werden sollen.

2. Sequenzdiagramm

Ein Sequenzdiagramm zeigt eine Reihe von Nachrichten, die eine ausgewählte Menge von Objekten in einer zeitlich begrenzten Situation austauschen, wobei der zeitlich Ablauf betont wird. Die Objekte werden mit einer senkrechten gestrichelten Linie ergänzt und die Nachrichten als waagrechte Pfeile

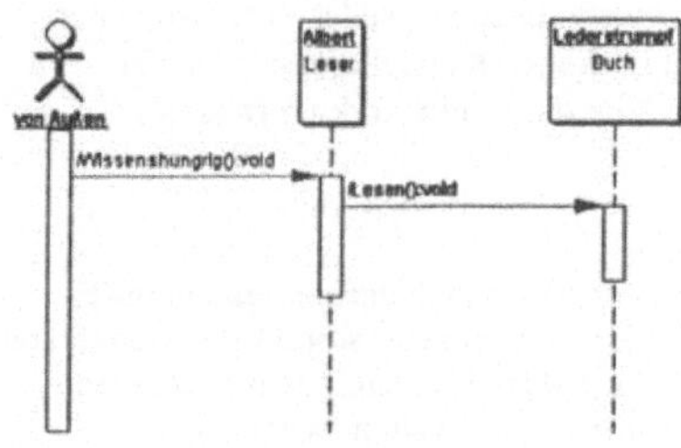

zwischen diesen Objektlinien gezeichnet. Auf den waagrechten Linien wird der Name der initiierten Operation notiert. Die Überlagerung der gestrichelten Objektlinien durch breite Balken symbolisieren den Steuerfokus.
Das Bild zeigt wie von einem Akteur von außen die Operation Wissenshungrig angestoßen wird und diese wiederum die Operation Lesen des Objekts Lederstrumpf aufruft.

3. Kollaborationsdiagramm

Ähnlich wie bei Sequenzdiagrammen ist eine Kollaboration eine Menge von Interaktionen zwischen ausgewählten Objekten in einem bestimmten begrenzten Kontext unter der Betonung der Beziehung zwischen den Objekten. Es zeigt den gleichen Sachverhalt wie Sequenzdiagramme, nur aus einer anderen Perspektive. Es stehen die Objekte und ihre Zusammenarbeit untereinander im Vordergrund. Der zeitliche Ablauf wird durch die Numerierung der Methodenaufrufe verdeutlicht. Das Bild zeigt den gleichen Sachverhalt wie das Beispiel für das Sequenzdiagramm, diesmal lediglich als Kollaborationsdiagramm. Kollaborationsdiagramme werden auch verwendet, um den Austausch von Nachrichten zwischen aktiven Objekten zu beschreiben (siehe Abschnitt Prozesse, Threads, Kommunikation und Synchronisation).

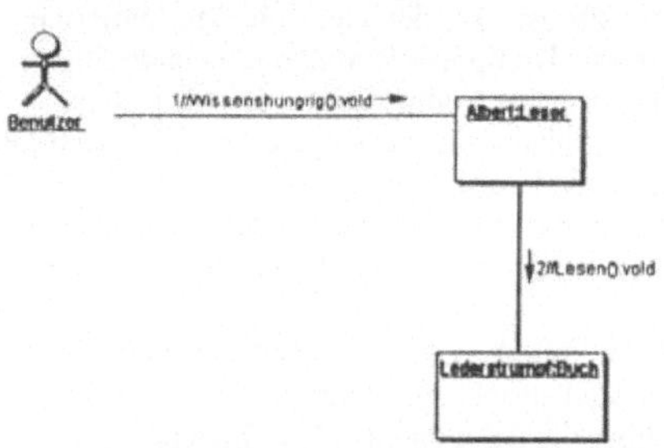

4. Zustandsdiagramm

Mit Zustandsdiagrammen veranschaulicht man die die dynamische Sicht eines Systems. Zustandsdiagramme werden insbesondere für die Modellierung des Verhaltens einer Schnittstelle, Klasse oder Kollaboration verwendet. Dabei steht das nach Ereignissen geordnete Verhalten eines Objekts im Vordergrund. Dies ist vor allem bei der Modellierung reaktiver Systeme nützlich.
Ein Zustandsdiagramm zeigt eine Folge von Zuständen die ein Objekt im Laufe seines Lebens einnehmen kann und aufgrund welcher Stimuli Zustandswechsel stattfinden. Ein Zustand gehört zu genau einer Klasse und stellt eine Zusammenfassung einer Menge von möglichen Attributwerten dar, die Objekte der betreffenden Klasse einnehmen können.
Das nebenstehende Beispiel zeigt die Zustände eines Objekts. Es wird geschaffen, entsprechend seiner verfügbaren Methoden benutzt und schließlich zerstört.

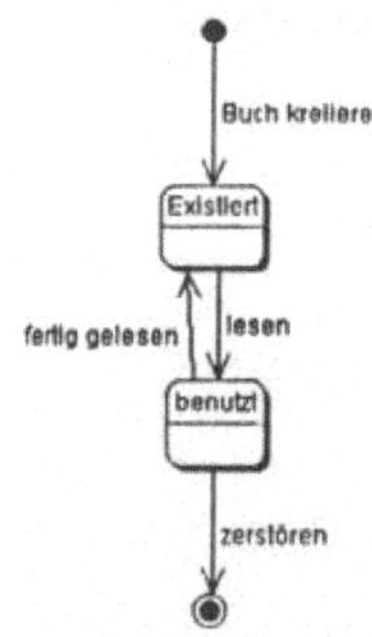

5. Aktivitätendiagramm

Aktivitätendiagramme sind spezielle Zustandsdiagramme und sind im Wesentlichen Flußdiagramme, die die stattfindenden Aktivitäten im Zeitablauf zeigen. Aktivitätendiagramme betrachten die Operationen, die zwischen Objekten aufgerufen werden. Der Unterschied von Aktivitätendiagrammen zu Interaktionsdiagrammen ist sehr gering. Während Interaktionsdiagramme Objekte betrachten, die Nachrichten schicken, betrachten Aktivitätendiagramme Operationen, die zwischen Objekten aufgerufen werden. Aktivitäten und Aktivitätendiagramme sind entweder einer Klasse, einer Operation oder einem Anwendungsfall zugeordnet. Ist ein Aktivitätendiagramm einem Anwendungsfall zugeordnet, so kann, wie in obigem Beispiel, durch sogenannte Swim Lanes angegeben werden, wer für die Ausführung einer Aktivität zuständig ist. So ist ein Objekt der Klasse

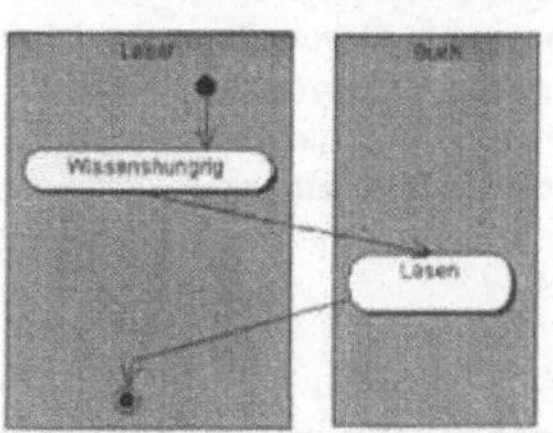

Leser für die Ausführung der Aktivität Wissenshungrig verantwortlich, während die Aktivität Lesen durch ein Objekt der Klasse Buch erfolgt.

2.3 Prozesse, Threads, Kommunikation und Synchronisation

In UML werden Prozesse oder Threads durch aktive Objekte modelliert. Aktive Objekte sind Instanzierungen von aktiven Klassen. Grafisch werden aktive Objekte bzw. Klassen als Rechteck mit breiten Rändern gezeichnet. Ein Prozeß oder Threads ist ein Kontrollfluß, der nebenläufig, parallel oder gleichzeitig zu anderen Prozessen ausgeführt werden kann. Der Unterschied zwischen Prozessen und Threads besteht in ihrer Implementierung. Verschiedene Prozesse laufen in verschiedenen Speicherräumen und sind deshalb aufwendiger zu realisieren, als Threads. Mehrere Threads können in einem Speicherbereich ablaufen. Threads sind deshalb nicht so stark entkoppelt, wie Prozesse.
Wenn Objekte zusammenarbeiten, kommunizieren sie, indem sie Nachrichten untereinander austauschen. In einem System mit aktiven und passiven Objekten gibt es vier Möglichkeiten die betrachtet werden müssen.

- Geht eine Nachricht von einem passiven Objekt zu einem passiven Objekt, so entspricht dies dem Aufruf einer Operation. Der Kontrollfluß folgt dem Operationsaufruf in das 'empfangende'Objekt und kehrt nach der Ausführung der Operation wieder in das sendende bzw. aufrufende Objekt zurück.
- Eine Nachricht geht von einem aktiven Objekt an ein passives Objekt. Diese Konstellation entspricht in der Regel der obigen. Es muß dann darauf geachtet werden, dass unter Umständen mehrere aktive Objekte eine Operation in dem passiven Objekt ausführen. Der Zugriff auf dieses passive Objekt muß dann entsprechend synchronisiert werden um seine Konsistenz zu gewährleisten.
- Eine Nachricht kann von einem aktiven Objekt an ein aktives Objekt gehen. In diesem Fall der Interprozesskommunikation muß der Austausch der Nachrichten synchronisiert werden. In UML gibt es dazu die Möglichkeiten des synchronen und des asynchronen Nachrichtenaustauschs. Beim synchronen Nachrichtenaustausch wartet der Sender, bis der Empfänger die Nachricht akzeptiert. Der Empfänger führt die zugehörige Operation aus und gibt das Ergebnis an den Sender, der dann mit seinem Kontrollfluß fortfährt. Bei der asynchronen Kommunikation sendet der Sender seine Nachricht und fährt mit der Ausführung seiner Aktionen fort. Die Nachricht wird bis zu ihrer Annahme durch den Empfänger in einer Mailbox abgelegt.
- Sendet ein passives Objekt eine Nachricht an ein aktives Objekt, so entspricht dies dem obigen Fall, da der Kontrollfluß in einem passiven Objekt von einem aktiven Objekt kommt.

Um den Zugriff auf passive Objekte durch mehrere aktive Objekte zu synchronisieren, gibt es in UML 3 Möglichkeiten. Bei der sequentiellen Methode müssen die aktiven Objekte außerhalb koordinieren, dass zu einem Zeitpunkt nur ein Kontrollfluß sich innerhalb des passiven Objekts befindet. Durch die Methode bewacht, stellt das passive Objekt sicher, dass zu einem Zeitpunkt sich nur ein Kontrollfluß sich in Objekt aufhält. Ein dritte Möglichkeit erlaubt in einem passiven Objekt Nebenläufigkeit. Die einzelnen Operationen eines Objekt werden als atomar behandelt.

2.4 Verwendung von UML und entsprechende Erweiterungen

UML stellt durchaus den Anspruch, dass es sich für die Entwicklung von Informationssystemen, verteilte Web-basierte Anwendungen bis hin zu eingebetteten harten Echtzeitsystemen eignet. Grundsätzlich kann gegen diese Behauptung nichts eingewendet werden. Die Frage ist, wie einfach und 'natürlich', letztlich wie wirtschaftlich lassen sich bestimmte zu lösende Problemstellungen darstellen und schließlich in Programmcode umsetzen.
UML basiert im wesentlichen auf Klassen und Objekten, wobei zwischen passiven und aktiven Objekten unterschieden wird. Der Schwerpunkt liegt aber sehr klar bei passiven Objekten, denn ein Programmsystem wird anhand von sogenannten Use Cases analysiert. Use Cases beschreiben, wie ein Programmsystem durch seine Umgebung, die durch Aktoren repräsentiert wird, benutzt wird. Abhängigkeiten zwischen den verschiedene Aktoren, die ein System benutzen, werden nicht oder nur durch den Einsatz von UML Erweiterungen /ERI00/ dargestellt.

Aktive Objekte bilden aber in der Regel den Startpunkt für die Spezifikation von Workflow und Realzeitsystemen (siehe /DOU98/ und /ERI00/).

Aktive Objekte als Bestandteil des zu entwickelnden Programmsystems werden in UML im wesentlichen als Möglichkeit gesehen, den Systemdurchsatz zu verbessern, die Verteilung von Programmteilen auf mehrere Rechnerknoten zu beschreiben sowie Start- und Terminierungsprobleme zu lösen. Entsprechend dem mit UML stark verknüpften Unified Software Development Process (USDP) ist die Einführung von aktiven Objekten eine Entwurfsentscheidung und keine Frage der Systemanalyse (siehe Seite 81 in /JAC99/).
Für die Beschreibung von dynamischen Sachverhalten können verschiedene Methoden verwendet werden. Es fehlen Richtlinien, die dem Anwender helfen zu entscheiden, wann welche Methode angebracht ist. Durch die Verwendung unterschiedlicher Methoden für dynamische Aspekte können Werkzeuge nur sehr schwer die Konsistenz einzelner Beschreibungsaspekte überprüfen.

2.4.1 Informationssysteme

Informationssysteme werden in der Regel von außen angestoßen, führen die gewünschte Aktion auf den Daten aus und liefern das gewünschte Ergebnis.
UML unterstützt am stärksten die Beschreibung solcher Systeme. Insbesondere bei der Benutzung von Use-Cases, die als Kommunikationsinstrument mit dem Anwender dienen, wird davon ausgegangen, dass unterhalb des zu entwickelnden Systems sich eine Datenbank befindet. Jeder Use Case greift dann in seiner spezifischen Form auf die Inhalte dieser Datenbank zu. Informationssysteme werden in der Regel von außen angestoßen, führen die gewünschte Aktion auf den Daten aus und liefern das gewünschte Ergebnis.
Insbesondere wird beim zu UML gehörenden Unified Software Developement Process (USDP) davon ausgegangen, dass zur Ermittlung und zur Beschreibung der Anforderungen Use Case Diagramme benutzt werden (siehe Use-Case Driven Development in /JAC99/).

2.4.2 Geschäftsprozesse und Workflowsysteme

Geschäftsprozesse werden durch eine Ereignis angestoßen (z.B. ein Auftrag trifft ein), definieren, welche Aktionen durch dieses Ereignis ausgelöst werden und welches Ergebnis nach dem Ende des Prozesses vorliegen soll. Zur Beschreibung von Geschäftsprozessen werden zahlreiche Methoden verwendet (z.B. /SCH95/, TEN96/, /OES95/,/BOR94/, /LEH99/). Diese Methoden beruhen in der Regel auf Flußdiagrammen oder Petrinetzen, um die Geschäftsprozeßabläufe zu beschreiben. Ein Geschäftsvorgang, der der konkreten Ausführung eines bestimmten Geschäftsprozesses entspricht, wird in mehrere Anwendungsfälle zerlegt, wenn er zeitlich unterbrochen oder unterscheidbar von verschiedenen Mitarbeitern bearbeitet wird. Es ergibt sich somit eine nach oben ergänzte Sicht für ein zu erstellendes Softwaresystem (siehe Bild).Dies bedeutet, dass die Beschreibung eines Geschäftsprozesses vorliegen muß, bevor mit der Anwendung von UML begonnen werden kann. Allerdings können für die Beschreibung von Geschäftsprozessen Techniken aus UML wie z.B. Aktivitätendiagramme entlehnt werden (siehe /ERI00/).

2.4.3 Realzeitsysteme

Für Realzeitsystem gelten ähnliche Überlegungen wie für Geschäftsprozesse. Der Ausgangspunkt für die Entwicklung von Realzeitsystemen sind die Aktiven Objekte (siehe /DOU98/) und damit natürlich die Möglichkeiten der Kommunikation und Synchronisation zwischen Objekten. Die Konstrukte, die UML dafür zur Verfügung stellt, sind sehr einfach. Zur Spezifikation verteilter Realzeitsysteme sollten flexiblere Methoden zur Verfügung stehen (für einen Überblick dazu siehe /FLE94/ oder /FLE93/).
Für die Beschreibung des reaktiven Verhaltens von Objekten können Aktivitätendiagramme verwedet werden. Allerdings sind in UML diese Methoden nicht zu Beginn einer Systementwicklung vorgesehen, wo bei Realzeitsystemen ähnlich wie bei Workflowsystemen das Zusammenwirken der Aktoren beschrieben werden muß.

2.5 Werkzeuge

Werkzeuge unterstützen die neun Diagrammarten von UML (Use-Case Diagramme, Klassendiagramm, Objektdiagramm, Zustandsdiagramm, Aktivitätendiagramm, Sequenzdiagramme, Kollaborationsdiagramme, Komponentendiagramme und Deploymentdiagramme). Die Produkte Rational Rose von der Firma Rational und Together von der Firma Together-Soft generieren lediglich Codeteile für statische Klassendiagramme. Bei Code für aktive Beschreibungsaspekte wird in einer Kommentarzeile des generierten Codes darauf hingewiesen, dass es sich um ein aktives Objekt handelt. Ähnliches gilt für Synchronisationsbedingungen.
Die dynamischen Aspekte eines Systems, wie sie durch Sequenz Diagramme etc. beschrieben werden, sind jeweils Benutzungsszenarien und keine vollständige Beschreibung des dynamischen Verhaltens. Deshalb können diese Informationen nicht für die Code Generierung verwendet werden (jedenfalls ist dies bei den momentan verfügbaren Werkzeugen der Fall).

2.6 Vorgehensweise

Zur Vorgehensweise bei der Entwicklung von Systemen mit UML wurde der Unified Software Developement Process (USDP) vorgeschlagen. USDP ist ein iterativer Prozeß, d.h. ein System wird in Phasen entwickelt, wobei jede Phase aus mehreren Iterationen bestehen kann. Die Entwicklungsphasen sind Etablierung (inception), Entwurf (elaboration), Konstruktion (construction) und Übergang (transition).
Die einzelnen Iterationen innerhalb der Phasen sind an Anwendungsfällen orientiert. Jede dieser Iterationen ist ein vollständiger Entwicklungszyklus, der als Ergebnis eine Version eines ausführbaren Produkts liefert, die eine Teilmenge des zu erstellenden Produkts darstellt.
Die Entwicklung gemäß USDP ist architekturorientiert. Der Prozeß möchte die frühe Entwicklung und Überprüfung einer Softwarearchitektur fördern. Die Modelle, die durch den USDP entwickelt werden, bauen auf Objekte, Klassen und den Beziehungen zwischen ihnen. UML wird als gemeinsame Notation verwendet. Dynamische Aspekte werden erst sehr spät betrachtet, was bei Workflow- und Realzeitsystemen problematisch ist.

2.7 Bewertung

UML enthält zahlreiche Notationskonzepte, die sich stellenweise stark überschneiden (siehe obige Darstellung). Insbesondere ist dies der Fall bei der Darstellung des dynamischen Verhaltens. Die verschiedenen Darstellungen können nur sehr eingeschränkt und mit großem Aufwand auf Konsistenz geprüft werden. Für die Beschreibung des dynamischen Verhaltens wird in beiden untersuchten Werkzeugen kein Code generiert. Die verfügbaren Synchronisationskonzepte sind Basiskonzepte, die zahlreiche in der Literatur beschriebene ausdrucksstarke Methoden nicht betrachten, z.B. wird das in Java integrierte Monitorkonzept nicht betrachtet. Ähnliches gilt für Guarded Commands die zur Implementierung von verteilten Programmen entwickelt wurden.
Die Entwicklung aktiver Systeme, bei denen die Nebenläufigkeit im Mittelpunkt stehen sollte, wird in UML nicht sehr ausgeprägt betrachtet. Der USDP fokusiert nicht auf die Entwicklung von aktiven Systemen (Anwendungsfallzentriert), sondern auf die Realisierung von Informationssystemen.

3 SAPP/PASS

SAPP/PAS steht für Structured Analyses of Parallel Programms (SAPP) bzw. Parallel Activity Specification Schema (PASS). Der Schwerpunkt dieses Ansatzes ist die Betrachtung der aktiven Aspekte eines Programms. Dies schließt deren Dokumentation aber auch die Generierung entsprechenden Codes mit ein.

3.1 Grundkonzepte

Als Strukturierungselemente dienen in SAPP/PASS die handelnden Elemente. Sie sind die Subjekte, die über Methoden (Prädikate) Objekte benutzen, untereinander über Nachrichten kommunizieren und ihre Zusammenarbeit koordinieren. Subjekte können sein Menschen, Prozesse bzw. Threads oder eine Kombination aus ihnen. Ein System wird aus mehreren verschiedenen Subjekten und den von ihnen benutzten Objekten gebildet.

3.2 *Diagramme*

In SAPP/PASS werden zwei Arten von Diagrammen verwendet.

3.2.1 SAPP Diagramm

In einem SAPP Diagramm werden die aktiven Elemente (Menschen, Programme, Prozesse, Threads, technische Komponenten) eines Systems und deren Kommunikationsbeziehungen beschreiben, d.h. wer tauscht mit wem Nachrichten aus.
Mit Hilfe des SAPP-Diagramms werden die an einem System beteiligten aktiven Elemente (Subjekte) dokumentiert.
Diese aktiven Elemente werden im Gegensatz zu passiven Objekten, Subjekte (Handelnde) genannt. Das folgende Beispiel zeigt ein einfaches nebenläufiges System. Ein Subjekt Erzeuger erstellt Objekte, die er an das Subjekt Verbraucher sendet. Der Verbraucher bedankt sich für das jeweils erhaltene Objekt.

3.2.2 PASS Diagramm

Durch ein PASS-Diagramm (PASS-Graph) wird das Verhalten von Subjekten beschrieben, d.h. wann wird an welches Subjekt eine Nachricht gesendet, wann wird von welchem Subjekt eine Nachricht angenommen und wann benutzt ein Subjekt welche Objekte ohne dass eine Nachricht empfangen oder gesendet wird. Ein PASS Diagramm enthält somit drei verschcidene Zustände. In Empfangszuständen werden Nachrichten von anderen Subjekten angenommen bzw. aus dem Input pool entnommen, in Sendezuständen wird versucht, Nachrichten an Partner abzusetzen (in deren Input Pool ablegen) und in internen Zuständen wird nur eine interne Operation aufgerufen.

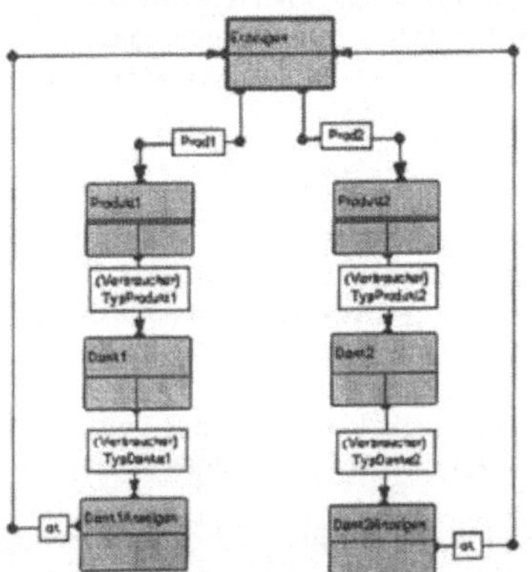

Das Annehmen einer Nachricht (dem Input Pool entnehmen) löst die Ausführung einer mit dieser Nachricht verbundenen Methode aus, mit der u.U. die Nachrichtenparameter verarbeitet werden.
Wird eine Nachricht gesendet, wird vor dem eigentlichen Übertragen ebenfalls eine Operation ausgeführt, mit der die Werte der übertragenen Parameter ermittelt werden.
Die in einem PASS-Diagram verwendeten Operationen (senden, empfangen, intern) bilden die PASS-Graph-Refinements.
Das nebenstehende Bild zeigt ein Beispiel für die Verhaltensbeschreibung eines Subjekts. Im Zustand Erzeugen wird die zugehörige interne Operation ausgeführt (in diesem Fall wird der Benutzer gefragt, welches Produkt erstellt werden soll). Das Ergebnis dieser Operation kann entweder Prod1 oder Prod2 sein. Abhängig davon wird in den Folgezustand Produkt1 oder Produkt2 übergegangen. Im Zustand Produkt1 wird die Nachricht TypProdukt1 an das Subjekt Verbraucher gesendet. Konnte diese Nachricht abgesetzt werden, wird in den Zustand Dank1 (bzw. Dank 2) übergegangen. Dort wird auf die Nachricht TypDank1 von Verbraucher gewartet. Trifft diese Nachricht ein, wird in den Zustand Dank1Anzeigen übergegangen, in dem die zugehörige interne Operation ausgeführt wird (in diesem Fall dem Benutzer anzeigen, dass die Nachricht TypDank1 eingetroffen ist).

3.3 *Prozesse, Kommunikation und Synchronisation*

Die Menge der durch die Subjekte benutzten Objekte und die Implementierung der Kommunikation zwischen den Subjekten bilden das zu entwickelnde Programm. Mit dem Austausch von Nachrichten koordinieren Subjekte ihre Aktivitäten. Außerdem muß der Zugriff mehrerer Subjekte auf gemeinsam benutzte Objekte synchronisiert werden.
Durch das Input Pool Konzept kann die mit dem Austausch von Nachrichten verbundene Synchronisation sehr flexibel gestaltet werden. Jedem Subjekt ist ein Input Pool zugeordnet, in dem alle Nachrichten an diesen Prozeß abgelegt werden. Jeder Input Pool hat eine frei festzulegende Größe. Sie gibt an, wie viele Nachrichten in einem Input Pool abgelegt werden können.

Durch entsprechende Attribute für Input Pools kann festgelegt werden, wann ein Sender seine Nachrichten im Input Pool des gewünschten Empfängers ablegen kann und was mit dem sendenden Subjekt geschieht, wenn die Nachricht nicht in den Input Pool des Empfängers übernommen werden kann. Ein Input Pool der Größe Null entspricht dem synchronen Nachrichtenaustausch. Der Empfänger muß die Nachricht direkt dem Sender abnehmen. Der Sender wird solange blockiert, bis der Empfänger in einem Zustand ist, in dem er diese Nachricht annehmen will. Ein unendlich großer Input Pool entspricht der asynchronen Kommunikation. Der Sender kann seine Nachricht immer im Input Pool ablegen und wird nie blockiert.
Neben diesen Extremen kann für einen Input Pool eine Struktur definiert werden, die es erlaubt festzulegen, wieviel Nachrichten insgesamt in einem Input Pool gespeichert werden können und wieviel davon von einem bestimmte Sender sein dürfen, bzw. wieviel von einem bestimmten Typ (Nachrichtenname) sein können. Außerdem kann festgelegt werden, was passiert, wenn diese Bedingungen durch eine neu eintreffende Nachricht verletzt werden. Es gibt die Möglichkeit festzulegen, dass der Sender solange warten muß, bis durch das Entfernen einer entsprechenden Nachricht aus dem Input Pool die neue Nachricht abgelegt werden kann oder eine entsprechende Nachricht im Input Pool überschrieben werden kann. Das Input-Pool-Konzept erlaubt somit, abhängig vom Sender und dem Nachrichtennamen die mit dem Nachrichtenaustausch verbundene Synchronisation zu spezifizieren.

3.4 Anwendung

Durch den SAPP/PASS Ansatz lassen sich insbesondere Realzeit- und Workflowsysteme modellieren, da der Ausgangspunkt der Systementwicklung die Umgebung des Programms und deren Abhängigkeiten ist. In die Betrachtung wird einbezogen, wer dieses Programm benutzt und wie diese Anwender untereinander zusammenhängen.

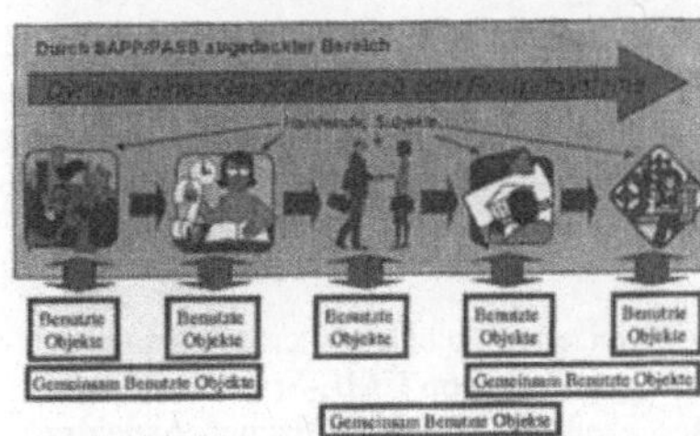

Der Beschreibungsschwerpunkt von SAPP/PASS liegt in der Definition der Aktiven Elemente (Subjekte) und deren Zusammenwirken. Der im nebenstehenden Bild grau unterlegte Bereich wird durch SAPP/PASS abgedeckt. Die durch SAPP/PASS Spezifikationen vorausgesetzten Objekte mit den benötigten Operationen, die beim Senden und Empfangen von Nachrichten bzw. beim Ausführen interner Operationen aufgerufen werden, liegen nicht im Beschreibungsbereich von SAPP/PASS.

3.5 Werkzeuge

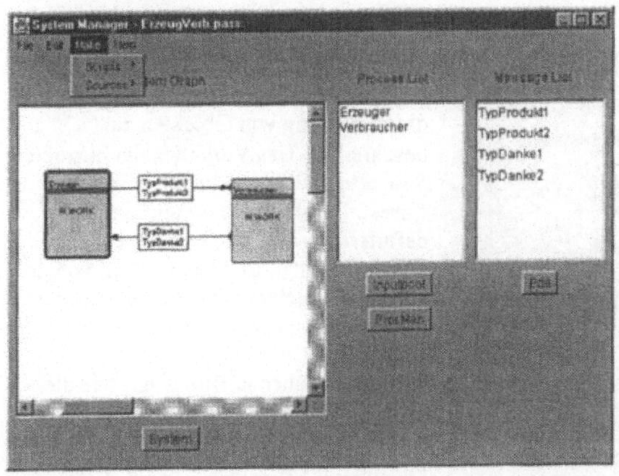

Das Werkzeug jPass! unterstützt die Beschreibung SAPP- und PASS-Diagrammen und erlaubt die Generierung von Code für die Aspekte der Parallelität (Threads), des Nachrichtenaustauschs und der damit verbundenen Synchronisation. Der generierte Code ist sowohl für Einzelrechner, als auch für vernetzte heterogene Systeme verwendbar.
Die benötigten Operationen werden als Methoden einer Objektklasse betrachtet und der entsprechende Coderahmen erzeugt. Diese Methoden können dann gemäß den Anforderungen realisiert werden. Zu dieser Realisierung kann das gesamte Instrumentarium der Objektorientierten Programmierung verwendet werden (z.B. Vererbung).
Das Werkzeug jPass! ist in der Programmiersprache Java realisiert und der generierte Code ist ebenfalls Java.

3.6 Vorgehensweise

Bei der Entwicklung aktiver Programme wird in der Regel von den aktiven Elementen ausgegangen, d.h. welche Programmteile nehmen Ereignisse aus der Umgebung des zu entwickelnden Programms auf und welche Systemteile schicken Ereignisse in die Umgebung. Es wird somit das aktive Gesamtsystem (Workflow oder technisches System bei Realzeitsystemen) betrachtet. In SAPP/PASS wird also mit der Identifikation der Subjekte begonnen und danach deren Verhalten beschrieben. Aus diesen Beschreibungen ergeben sich dann die notwendigen Operationen, die mit Hilfe objektorientierter Methoden entwickelt werden.

3.7 Bewertung

Die Bewertung bezieht sich auf die Kombination Konzepte und Werkzeuge. Der Nutzen einer Methodik erwächst nur aus der Kombination dieser beiden Aspekte. Nur Methoden, die klar strukturiert sind, erlauben die Erstellung von Werkzeugen, die Konsistenzprüfungen und eine weitgehende automatische Generierung von Code unterstützen. Komplexe Beziehungen zwischen den einzelnen Modellierungsichten und einer Modellierungssprache erfordern bei der Entwicklung von Werkzeugen entsprechend große Aufwände, um die Konsistenz zwischen einzelnen Sichten zu überprüfen.
SAPP/PASS ist diesbezüglich klar strukturiert. Es gibt keine starken Überlappungen bei der Verwendung der beiden Beschreibungsdiagramme. Die existierenden Überschneidungen können durch Werkzeuge einfach auf ihre Konsistenz überprüft werden. Die zwischen Subjekten ausgetauschten Nachrichten werden in den SAPP und PASS Diagrammen festgelegt. Die Konsistenz zwischen den beiden Beschreibungen läßt sich diesbezüglich leicht überprüfen.
Der Entwicklungsschwerpunkt von SAPP/PASS liegt klar auf aktiven Systemen wie Workflow- und Realzeitanwendungen. Für die Realisierung einer reinen Datenbankanwendung mit Subjekten, die vor dem Bildschirm sitzen (Anwender), ist SAPP/PASS sicherlich nicht die richtige Methode.

4 Kombination von UML und PASS

UML ist aus der Sicht des Autors klar gegliedert, soweit die klassischen objektorietierten Konzepte wie Klassendiagramme betroffen sind. Dies sind auch die einzigen Teile von UML-Spezifikationen, für die automatisch Code erzeugt wird. Die Methoden zur Beschreibung von dynamischen Aspekten, einschließlich der Spezifikation von Kommunikations- und Synchronisationsproblemen, sind bei UML nicht orthogonal zueinander, sondern wie bereits mehrfach erwähnt, stark überlappend. Hier liegt die Stärke von SAPP/PASS. Es erlaubt, die dynamische Aspekte und damit verbundene Kommunikations- und Synchronisationsaspekte einfach zu spezifizieren und direkt Code zu erzeugen. Es erscheint deshalb sinnvoll, die beiden Methoden und zugehörige Werkzeuge zu kombinieren.

4.1 Anwendung

Die Aktoren in UML können als die Subjekte in SAPP/PASS betrachtet werden. SAPP/PASS erlaubt es, die Kommunikation von Aktoren und die Benutzung von Objekten zu beschreiben. Das Verhalten der einzelnen Subjekte definieren die jeweiligen Use Cases.. Damit kann nun umfassend definiert werden, wie ein Subjekt ein System benutzt, in Abhängigkeit von den anderen Subjekten. Use-Cases bilden somit das Bindeglied zwischen SAPP/PASS und UML.

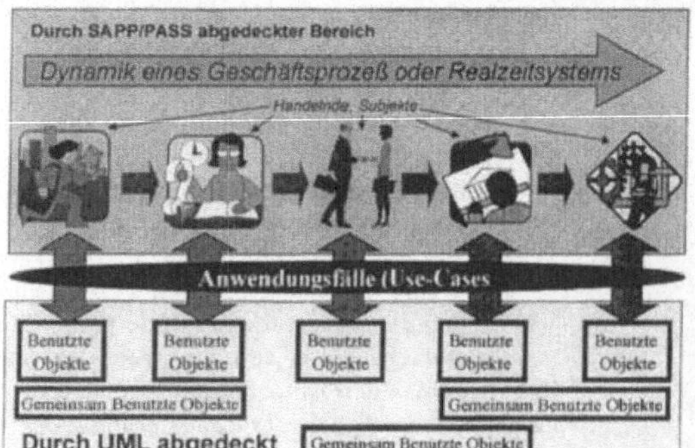

Das nebenstehende Bild zeigt, wie die beiden Konzepte die einzelnen Systemaspekte abdecken.
Für die mit UML beschrieben Aspekte wird auf die Verwendung von Diagrammen die das dynamische Verhalten beschreiben verzichtet.

4.2 Kombinierte Nutzung von UML und PASS basierten Werkzeugen

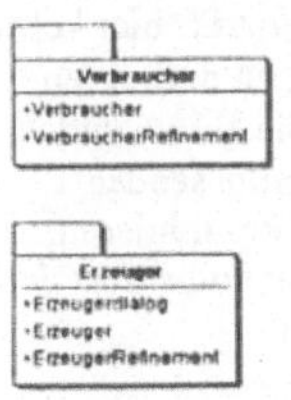

Aus der oben beschriebenen Vorgehensweise bei der kombinierten Nutzung von UML und SAP/PASS zur Entwicklung aktiver Programme ergibt sich auch der entsprechend kombinierte Gebrauch zugehöriger Werkzeuge. Insbesondere lässt es das UML Werkzeug Together zu, den durch jPass! generierten Code direkt aufzugreifen, um ihn mit den entsprechenden Klassen zu ergänzen. Together erlaubt ein reverse reengineering auf der Basis von Java Code. Das nebenstehende Beispiel zeigt das Erzeuger-Verbraucher Beispiel aus der Sicht von UML, nachdem durch jPass! die dynamische Struktur definiert und der entsprechende Java Code generiert wurde. Jetzt kann Together bzw. UML benutzt werden, um die für die Realisierung der von den Subjekten aufgerufenen Methoden notwendigen Klassen zu spezifizieren.

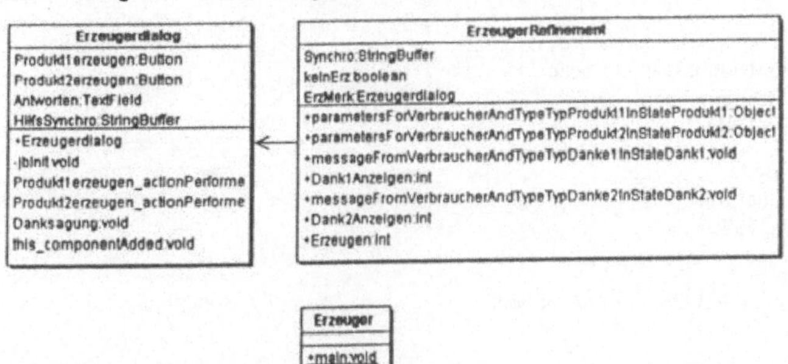

Das folgende Beispiel zeigt die Bearbeitung des Erzeugers. Die beiden Klassen Erzeuger und ErzeugerRefinement wurden durch jPass! erzeugt. Die Klasse Erzeuger enthält die vollständige Dynamik des Subjekts Erzeuger. Die Klasse ErzeugerRefinement enthält alle Operationen, die durch das Subjekt aufgerufen werden (Vergleiche die Nachrichten und Operationen im PASS-Diagramm mit den Operationen von ErzeugerRefinement). Die Klasse ErzeugerRefinement hängt von der Klasse Erzeugerdialog ab, die mit Hilfe von Together hinzugefügt wurde. Der generierte Code von ErzeugerRefinement und Erzeugerdialog wurde mit jBuilder vervollständigt.

4.3 Vorgehensweise

Aus der Kombination von UML und SAPP/PASS ergeben sich für die Entwicklung von Workflow- oder Realzeitsystemen folgende Arbeitspakete:

- Identifikation des Systemkontextes mit SAPP/PASS.
  In diesem ersten Schritt werden die an einer Problemlösung beteiligten aktiven Elemente identifiziert, wobei diese aktiven Elemente Menschen oder Programme sein können.
- Beschreibung der Kommunikation und Synchronisation von Subjekten (SAPP/PASS).
  Danach muß beschrieben werden, welche Nachrichten die identifizierten Subjekte austauschen (Namen, Bedeutung, Parameter). Das Ergebnis dieses Arbeitspaketes ist ein SAPP-Diagramm.
- Beschreibung des Verhaltens von Subjekten.
  Das Ergebnis dieses Schrittes ist ein PASS-Diagramm für jedes im SAPP-Diagramm enthaltene Subjekt.
- Beschreibung der von Subjekten benutzten Objekteklassen mit Hilfe von UML Use cases.
  Das PASS-Diagramm eines Subjekts ist die vollständige Beschreibung dafür, welche Methoden das entsprechende Subjekt verwendet und stellt somit einen vollständigen Use Case aus der Sicht dieses Subjekts dar.
- Spezifikation des klassischen Objektteils mit Hilfe von UML Klassen- und Objektdiagrammen.
  Mit Hilfe von UML und den entsprechenden Werkzeugen kann nun die Klassen- und Objektstruktur definiert werden, um die in den obigen Use Cases spezifizierten Methoden zu implementieren.
- Generierung des Codes für die Subjekte mit jPass!
- Generierung der Coderahmen für die Objektklassen mit Hilfe der UML Werkzeuge
- Auffüllen des für die Objektklassen erzeugten Codes mit Hilfe einer entsprechenden Entwicklungsumgebung wie z.B. J-Builder oder Visual Age.
  Der von UML-Werkzeugen generierte Code für Klassen und Objekte wird mit Hilfe entsprechender Programmierwerkzeuge aufgefüllt.
- Verbinden des für die Subjekte und Objekte entwickelten Codes.

5 Abschlußbemerkungen

UML eignet sich insbesondere für die Entwicklung passiver Systeme, während SAPP/PASS hier keine Unterstützung bietet, sondern hilft, die dynamischen Aspekte eines Programmsystems zu definieren und zu implementieren. Durch die zunehmende Bedeutung von Workflowsystemen, die aktive und passive Aspekte vereinen, scheint es sinnvoll, den im Bereich der passiven Systeme umfassenden Ansatz von UML mit den dynamischen Ausdrucksmöglichkeiten von SAPP/PASS zu kombinieren. Das Werkzsug jPass! Bietet die Möglichkeit, aktive Programmsysteme zu spezifizieren und sofort den entsprechenden Code zu generieren. Der generierte Code kann dann mit Hilfe üblicher objektorientierter Methoden und Werkzeuge detailliert werden.

Literatur:

/BOO99/ G. Booch, J. Rumbaugh, Ivar Jacobsen
Das UML Benutzerhandbuch
Addison Wesley, 1999

/BOG99/ W. Boggs, M Boggs
UML with Rational Rose
Sybex, Alameda, 1999

/BOR94/ G. Born
Process Managment to Quality Improvement
Wiley, 1994

/DOU98/ B. P. Douglas
Real Time UML
Addison Wesley, 1999

/ERI00/ H.-E. Erikson, M. Penker
Business Modelling with UML
John Wiley& Sons, 2000

/FLE93/ A. Fleischmann
Entwicklung verteilter Realzeitprogramme: Eine Übersicht
In P. Holleczek (Hrsg.), PEARL93-Workshop über Realzeitsysteme, Springer, 1993

/FLE94/ A. Fleischmann
Distributed Systems- Software Design and Implementation
Springer, Heidelberg 1994

/FOW97/ M. Fowler
UML Distilled
Addison Wesley, 1997

/JAC99/ I. Jacobsen, G. Booch, J Rumbaugh
The Unified Software Development Process
Addison Wesley, 1999

/LEH99/ F. R. Lehmann
Fachlicher Entwurf von Workflow-Managment-Anwendungen
Teubner, Stuttgart 1999

/OES95/ H. Österle
Business Engineering, Prozeß- und Systementwicklung
Springer, Heidelberg 1995

/OES97/ B. Oestereich
Objektorientierte Softwarentwicklung mit der Unified Modelling Language
Oldenbourgh Verlag, München Wien 1997

/SCH95/ A.-W. Scheer
Wirtschaftsinformatik, Referenzmodelle für industrielle Geschäftsprozesse, 6. Auflage
Springer, Heidelberg 1995

Geräteübergreifendes webbasierendes Servicekonzept für den Anlagenbau

Jan Bartels
Jochen Reinartz
ATR Industrie-Elektronik GmbH & Co. KG
Textilstraße 2
41751 Viersen

In den letzten Jahren sind viele Konzepte vorgestellt worden, wie sich die aus der Internettechnik bekannten Protokolle (z. B. TCP/IP, HTTP) für einzelne Anwendungen in der Automatisierungstechnik einsetzen lassen. Unter anderem sind für viele Einzelgeräte (Steuerungen, Prozessrechner) Webserver implementiert worden, die ein Bedienen und Beobachten mittels Standard-Webbrowsern ermöglichen. Auch Diagnoseinformationen stehen über das Webinterface zur Verfügung. Gleichzeitig können durch den Einsatz von TCP/IP die Webdienste auch für Teleservice auf einfache Weise genutzt werden.

Im Anlagenbau muss für den Einsatz dieser Technologien ein geräteübergreifendes Konzept umgesetzt werden. Dazu sind die Webserver der Einzelgeräte per HTML-Links sinnvoll miteinander zu verknüpfen. Eine entscheidende Rolle spielt die Online-Darstellung von Prozesswerten. Hierfür reichen die Möglichkeiten von HTML/HTTP nicht aus: Vielmehr müssen neue Ansätze wie XML/HTTP eingesetzt werden. Zudem erfordert der dann ortsunabhängig und weltweit mögliche Datenzugriff besondere Sicherheitsüberlegungen und -maßnahmen, um unsachgemäßen oder unbefugten Zugang und damit eine Gefährdung der Anlage auszuschließen.

1 Netzwerkstruktur der Anlage

In Anlagen sind eine Vielzahl von Einzelgeräten miteinander vernetzt. Neben SPSen und Prozessrechnern spielen die Rechner der Bedien- und Leitebene eine wichtige Rolle. Zur Kommunikation sind die Anlagen mit zwei Ethernet-Netzwerken ausgestattet, wie es Abbildung 1 zeigt.

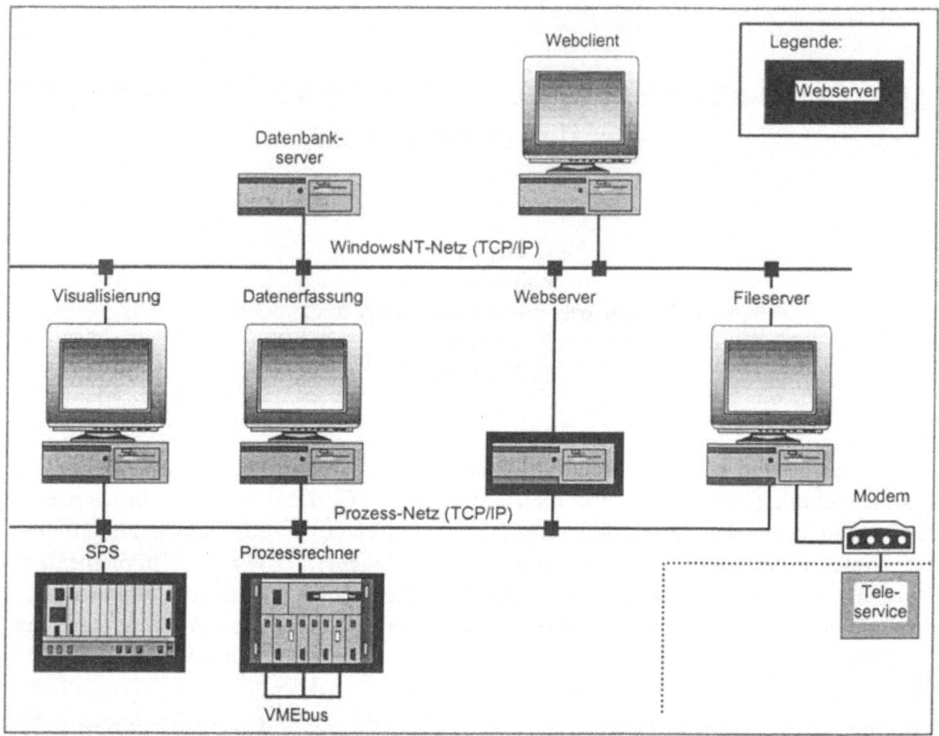

Abbildung 1: Netzwerkstruktur

Auf dem Prozessnetzwerk werden die Protokolle der Steuerungen (z. B. S7-Protokoll, Allen-Bradley Interchange o.ä.) verwendet, um Prozessdaten auszutauschen. Das Windows NT-Netzwerk stellt den Visualisierungen Datei- und Druckdienste zur Verfügung. Diese Trennung stellt u.a. sicher, dass sich Netzwerkprobleme im übergeordneten Netz nicht auf den Datenverkehr in der Anlage auswirken. Zudem wird durch die Trennung der Netze die Buslast des Prozessnetzes reduziert.

Eine direkte Anbindung der Netzwerke an das Internet ist aus Sicherheitsgründen nicht möglich. Stattdessen werden die Netzwerkzugriffe für Teleservice über ein lokales Modem per PPP (Point-to-Point Protocol) abgewickelt, das von Windows NT als RAS-Dienst (Remote Access Service) angeboten wird. Der einwählende Client erhält vom Fileserver (RAS-Server) alle Adress- und Routinginformationen aus der Anlage, so dass er als ein direkt angeschlossener Rechner erscheint.

Außer PC-basierten Webservern können auch Automatisierungsgeräte wie SPS oder Prozessrechner Webdienste bereitstellen. Unter Umständen sind diese Geräte nicht direkt an ein Ethernet angeschlossen, sondern die IP-Pakete müssen z.B. über einen VMEbus geroutet werden.

2 Anforderungen

In einer Anlage übernehmen spezielle SPSen und Prozessrechner jeweils hochdifferenzierte Regelungs- und Steuerungsaufgaben. Da eine All-in-one-Lösung (d.h. ein Gerät oder System) nicht praktikabel ist, sind alle Hardware-Komponenten durch ein geräteübergreifendes Konzept zu verbinden. Für den Anwender soll beim Aufruf der Webseite transparent sein, von welcher Plattform die angezeigten Informationen kommen: daher ist breite Variation möglicher Datenquellen vorzusehen (S5, S7, Rockwell PLC5, Control Logix, Soft-PLC, Prozessrechner, Datenbank etc.). Demnach sollen auch Geräte, die selbst keinen eigenen Webserver besitzen, integrierbar sein.

Als mögliche Servicedienste müssen bereitgestellt werden:

- Onlinedarstellung von Prozesswerten
- Versionsstände (Hardware, Software)
- Zugriff auf Fehlerpuffer, Logfiles etc.
- Datenbankzugriffe (z. B. für historische Daten, Schichtreports)
- Anzeige von Anlagen- und Gerätedokumenten

Ein webbasiertes Anlagennetzwerk bietet für den Einsatz vor Ort dieselbe Umgebung wie für Teleservice und -diagnose. Dies erspart z.B. bei Prozessrechnern eine doppelte Implementierung von Servicediensten. Während vor Ort eine grafikbasierte Serviceoberfläche direkt auf dem Prozessrechner verwendet wurde, musste dieselbe Funktionalität auch zeichenbasiert für den Modemsupport entwickelt werden. Eine webbasierte Variante hingegen kann sowohl direkt in der Anlage als auch über eine Modemnetzwerkverbindung genutzt werden.

Die logische Vernetzung der einzelnen Webserver bzw. Informationen erfolgt über HTML-Links, so dass eine einfache Navigation möglich ist, ohne die zu Grunde liegende Netzwerkstruktur oder IP-Adressen genau kennen zu müssen. Statische Dokumentationen zu Anlagenteilen oder Geräten lassen sich mit dynamischen Informationen wie Anlagenzustand o.ä. verknüpfen.

Gleichzeitig kann eine webbasierte Lösung im Intranet auch zur Darstellung von ausgewählten Anlagendaten für Anlagenbetreiber genutzt werden, ohne dass spezielle Software installiert sein muss. Dadurch können Lizenzkosten für Visualisierung und Treiber eingespart werden.

3 Lösungen

3.1 Einzellösungen für Geräte

3.1.1 SPS mit integriertem Webserver

Internet-Technologien sind zurzeit in den neuen Kommunikationsprozessoren IT-CP für S7-Steuerungen verfügbar. Neben den üblichen proprietären Protokollen (S7-Kommunikation) enthalten sie SMTP (Simple Mail Transfer Protocol, zum Versenden von EMails) oder auch HTTP (HyperText Transfer Protocol). Über mitgelieferte Java-Applets können Prozessdaten in HTML-Seiten angezeigt werden, wobei die Kommunikation das übliche S7-Protokoll auf TCP-Basis verwendet.

3.1.2 Prozessrechner

Auf Prozessrechnern lassen sich Webdienste erheblich einfacher integrieren, weil sie im Gegensatz zu Steuerungen flexibler programmiert werden können. Über die Anzeige von HTML-Seiten und Prozessdaten sind daher viele zusätzliche Informationen über einen integrierten Webserver verfügbar. Hierzu gehören u.a. Task- und Speicherlisten oder interne Regler- und Programmzustände. Bei Multiprozessorsystemen oder zukünftig auch bei Controllerkarten mit integrierten Webservern (z. B. Feldbuscontroller) laufen mehrere Server auf dem Rechner. Durch internes IP-Routing sind diese Karten an das Ethernet angebunden.

3.2 Online-Darstellung von Prozesswerten

3.2.1 Problemstellung

HTML-Seiten enthalten nur statische Werte. Bei Ausgabe der Seite kann der HTTP-Server die Inhalte dynamisch verändern bzw. generieren (Active-Server-Pages ASP, Server-Side-Includes SSI, Common-Gateway-Interface-Programme CGI). Nachdem der Browser die Daten dargestellt hat, kann der Inhalt nicht mehr geändert werden. Um eine Online-Darstellung zu erzielen, sind daher weitere Schritte notwendig.

Eine Möglichkeit besteht darin, mit einem automatischen Refresh nach einer gewissen Zeitdauer die Seite erneut vom Server anzufordern. Dies kann ein HTML-Tag im Kopf der Datei veranlassen: `<META HTTP-EQUIV="Refresh" CONTENT="10">`. Nach Ablauf von 10 Sekunden wird die Seite vom Browser erneut angefordert und dargestellt. Wurde das Browserfenster jedoch zuvor gescrollt, erscheint die Seite nach der Neuanforderung wieder mit dem Seitenanfang beginnend. Dieser Ansatz ist daher für die Anzeige umfangreicher und rasch wechselnder Prozessdaten nicht geeignet.

Um das Neuanfordern der Seite zu vermeiden, müssen aktive Elemente in die HTML-Seite eingebunden werden, die über eine eigene Kommunikationsverbindung die Prozessdaten vom Server anfordern und darstellen. Dies kann mit ActiveX-Controls oder Java-Applets realisiert werden, wie sie für die IT-CPs der S7 verfügbar sind; für andere Steuerungen müssten solche Applets mit dem spezifischen Protokoll unter unverhältnismäßig hohem Aufwand selbst implementiert werden.

Dem gegenüber existieren heute für fast alle Geräte OPC-Treiber, mit denen die proprietären Kommunikationsprotokolle über eine einheitliche Schnittstelle genutzt werden können. Es liegt daher nahe, OPC auch für die Online-Darstellung der Prozesswerte zu verwenden. OPC-Treiber werden üblicherweise auf den Webclients installiert; bei der Verwendung in Anlagennetzen ist dies jedoch zu vermeiden, da ein OPC-Client auch beliebige Schreibzugriffe in eine Steuerung vornehmen kann, ohne dass Sicherheitsmechanismen greifen. Aus diesen Gründen bietet es sich an, den OPC-Client unter dem Webserver laufen zu lassen, der in diesem Fall Schreibzugriffe verhindern kann.

Eine Kombination aus DHTML (Dynamic HTML) zur Anzeige sowie XML (eXtensible Markup Language) für die Datenkommunikation zwischen Browser und Server sorgt für die Darstellung von Prozesswerten. Allerdings stehen die nachfolgend beschriebenen Methoden bisher nur unter dem Microsoft-Internet-Explorer (MSIE) zur Verfügung; in einer Intranetanwendung ist diese Einschränkung jedoch akzeptabel.

3.2.2 Dynamisches HTML und XML

Dynamisches HTML (DHTML) erlaubt die Veränderung der Inhalte einer HTML-Seite durch den Browser. Hierzu kann die weitverbreitete Skriptsprache JavaScript verwendet werden. Um einfach auf ein HTML-Element zugreifen zu können, wird es mit einem Attribut „ID“ versehen: `<SPAN ID="text1">Originaltext</SPAN>`. Das SPAN-Tag definiert einen Textbereich, der keiner Unterklasse (Überschriften-Tags, Tabellen-Tags etc.) zugeordnet ist. Über seine Eigenschaft innerHTML kann dem Tag innerhalb eines Scripts ein neuer Text zugewiesen werden:

```
<SCRIPT LANGUAGE="JavaScript">
  text1.innerHTML = "neuer Text"
</SCRIPT>
```

Mittels solcher Zugriffe können Inhalte von HTML-Seiten nachträglich im Browser geändert werden, um z.B. Prozesswerte flackerfrei zu aktualisieren.

Während HTML eine Auszeichnungssprache ist, mit der Texte zur Darstellung formatiert werden können, dient XML der Strukturierung von Daten. Dabei können eigene, der Problemstellung angepasste Strukturen geschaffen werden. XML ist im Gegensatz zu HTML nicht zur direkten Anzeige der Daten vorgesehen, sondern wird generell erst umformatiert oder weiterverarbeitet dargestellt.

Diese Aufgabe übernimmt ein Parser, der in den Browser integriert ist. Die Umwandlung kann per (Java-)Scipt gesteuert werden oder automatisch durch ein Stylesheet erfolgen. Solche XSL(T)-Stylesheets (eXtensible Stylesheet Language Transformation) sorgen für die Auswahl und Umwandlung der XML-Daten in (D)HTML, das vom Browser angezeigt werden kann (Abbildung 2).

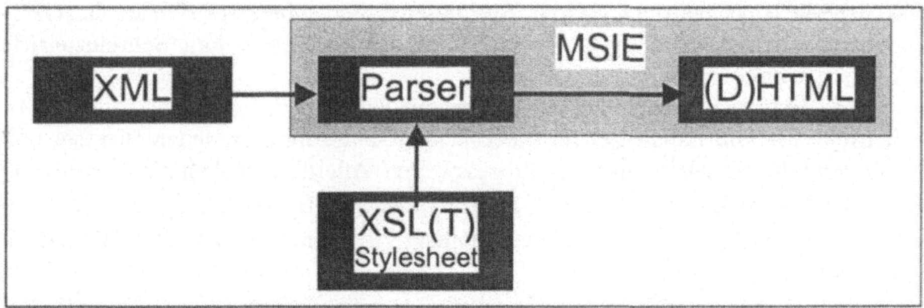

Abbildung 2: XML-Verarbeitung im Browser

3.2.3 Anforderung der Prozesswerte vom Server

Der Browser muss zyklisch die Prozesswerte über eine eigene Datenverbindung vom Server anfordern. Hierzu bietet sich XML an, das im Microsoft Internet-Explorer bereits integriert ist. Aus dem HTML-Dokument ermittelt ein Script alle anzuzeigenden Prozesswerte und fordert sie als XML-Dokument vom Server an. Der Server wandelt die XML-Anfrage in eine OPC-Anfrage um und leitet sie an die Steuerungen weiter. Die über OPC empfangenen Prozessdaten werden nun ihrerseits in XML transformiert und zum Browser geschickt. Im Browser werden die XML-Daten mit JavaScript analysiert und per DHTML dargestellt (Abbildung 3).

Um festzulegen, welche Prozesswerte dargestellt werden sollen, wird das SPAN-Tag um ein eigenes Attribut ATRDataSrc erweitert, das die OPC-Bezeichnung für den Prozesswert enthält: `<SPAN ID="text1" ATRDATASRC="DruckLinks">`. Über das document.all-Objekt des Browsers ermittelt das Script dazu alle Tags, die dieses Attribut besitzen, und baut aus diesen Informationen das XML-Dokument auf, das er per HTTP an den Webserver schickt. Ebenso analysiert der Browser die empfangenen XML-Daten per JavaScript und zeigt sie in den SPAN-Tags an.

Serverseitig erfolgt die Verarbeitung durch eine ISAPI-Erweiterung (Internet Server API), die als dauerhaft parallel laufender Thread implementiert ist. Dieser Ansatz hat deutliche Laufzeitvorteile gegenüber einer CGI-Lösung, bei der jeder HTTP-Request einen neuen Prozess erzeugt. Ein so gebildeter Prozess müsste zudem selbst wieder eine OPC-Verbindung aufbauen, während die ISAPI-Erweiterung die OPC-Verbindung dauerhaft offen lassen kann.

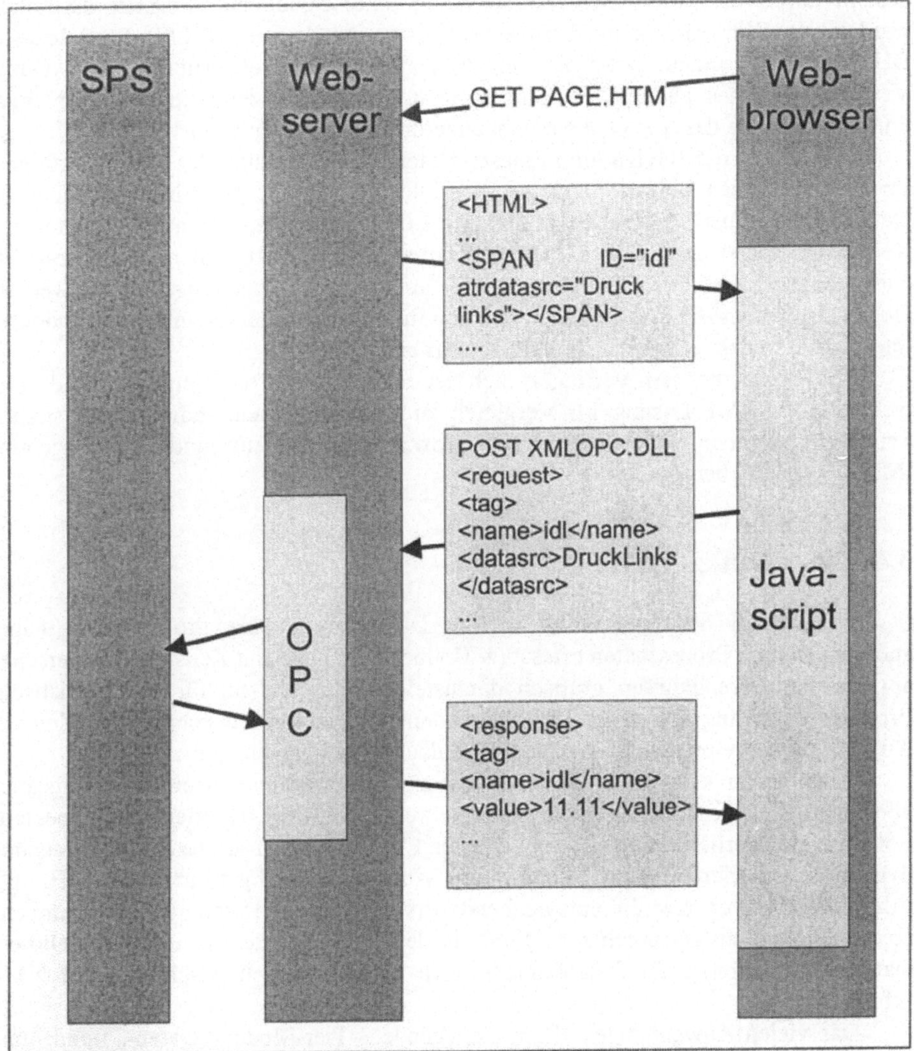

Abbildung 3: Anforderung der Online-Werte

3.3 Feldbusse

Feldbuskonfigurationen lassen sich tabellarisch beschreiben. Die Struktur von Feldbusstrang, Modulen und Kanälen lässt sich unmittelbar in XML abbilden, um diese Informationen zusammen mit aktuellen Prozesswerten und Diagnoseinformationen in einem Webbrowser anzuzeigen. Aus den ohnehin vorhandenen Konfigurationsinformationen für den Feldbuscontroller lässt sich die XML-Darstellung einfach generieren. Der Vorteil von XML gegenüber HTML besteht darin, dass die XML-Datenbasis in unterschiedlichen Formen dargestellt werden kann. Zur Anzeige im Browser werden sie mittels eines XSL(T)-Stylesheets in DHTML umgewandelt. Dabei können die Daten beliebig umsortiert werden. Durch Verwendung eines anderen Stylesheets lässt sich die Anzeige im Browser sogar umschalten, ohne dass die Daten erneut angefordert werden müssen.

Somit kann die Navigation in diesen Daten ohne Belastung des Servers erfolgen. Im Browser lassen sich die einzelnen Module oder Kanäle per Link anwählen, um Detailinformationen zu erhalten. Hinter den Links verbergen sich JavaScript-Aufrufe, welche die Darstellung durch Neutransformation der XML-Daten verändern. Die entsprechenden Prozessdaten können wie beschrieben online eingeblendet werden. Über entsprechende Links lassen sich zukünftig auch Webserver in Feldbusmodulen integrieren, so dass ein durchgängiger Zugriff erreicht wird.

Bei Prozessrechnern verringert sich der notwendige Programmieraufwand einer webbasierten XML-Lösung im Vergleich zu herkömmlichen, individuell erstellten Serviceprogrammen deutlich, weil der Browser eine bedienfreundliche Umgebung (Maus, Tastatur) bereitstellt.

3.4 Datenbankzugriffe

Im Bereich der Leittechnik spielen Datenbanken eine große Rolle. Unter anderem werden Prozessdaten erfasst (z. B. über OPC) und mit Zeitstempeln versehen abgelegt, um Trendkurven grafisch darzustellen oder um sie für eine statistische Prozessoptimierung zu nutzen. Außerdem können Schichtreports generiert werden, die Auskunft über die produzierten Chargen, Anlagenstörungen etc. geben.

Datenbanken können bei einer konsequenten Client-Server-Architektur stets auch über eine Netzwerkverbindung abgefragt werden. Dabei ist clientseitig spezielle Software erforderlich. In einem webbasierten Umfeld können solche Abfragen auch in dynamisch generierten HTML-Seiten vom Webserver durchgeführt werden. Hierbei ruft der Webserver bzw. die entsprechende Erweiterung die Daten aus der Datenbank ab und fügt sie an entsprechender Stelle in den HTML-Code ein. Für einen Online-Datenrefresh können die Datenbankabfragen auch wie oben geschildert per XML erfolgen.

Das vielen Anwendungen zugrundeliegende 3-Tier-Modell (Daten-, Logik- und Darstellungsschicht) lässt eine Implementierung der sogenannten Middleware (Businesslogik) als Java-Servlet auf dem Webserver zu. Der Zugriff auf die Datenbank (Datenschicht) erfolgt über JDBC (Java DataBase Connectivity), eine Java-Schnittstelle zu Datenbanken. Die Darstellungsschicht wird als proprietäre Webserver-Erweiterung oder in Form von Java-Server-Pages (JSP) realisiert, welche die dynamische Generierung der Seiten in Form von HTML oder XML übernehmen.

Bei komplexer Middleware z.B. für die oben erwähnten Reports, die für Servicezwecke wichtige Hinweise liefern können, ist eine webbasierte Lösung nur mit einer höchst aufwendigen Neuimplementierung zu erreichen. Einfache Datenbankabfragen hingegen lassen sich als CGI oder Servererweiterung auch kurzfristig realisieren.

4 Netzwerk-Administration

Die Netzwerk-Administration kann aufwendig werden, wenn alle Web-Clients Zugang zu allen Servern erhalten sollen. Insbesondere für den Bereich des Prozessrechners sind für den Zugriff auf die CPUs Routing-Einträge notwendig. Durch solche Routen erhalten die Rechner vollen Netzzugang auch für andere, normalerweise nicht benötigte Dienste, die speziell abgesichert sein müssen.

Um solche Probleme generell auszuschließen, kann in der Anlage ein Webserver als Proxy-Server installiert werden. In diesem Fall benötigt nur der Proxy-Server die Routing-Einträge. Die Web-Clients schicken ihren HTTP-Request mit Angabe des Zielservers an den Proxy-Server, der den tatsächlichen HTTP-Request zum Zielserver ausführt und den HTTP-Response an den Client weiterleitet. Bei dieser Konstellation ist auch ausgeschlossen, dass durch eine fehlerhafte Netzwerkadministration unzulässiger Datenverkehr auf dem Prozessnetzwerk entsteht. Ohne Proxy-Server benötigen alle Clients auch Routing-Einträge für den Zugriff auf Steuerungen, die nicht an das übergeordnete Windows NT-Netzwerk angeschlossen sind.

5 Sicherheitsaspekte

Der Zugriff auf die Webdienste der Anlage muss durch eine Firewall vom Internet und möglicherweise auch vom Intranet abgeschottet werden, um unbefugte Zugriffe zu verhindern. Ein Zugriff vom Internet aus wird zusätzlich durch die Vergabe von privaten Internetadressen nach RFC 1918 unterbunden, da diese Adressen grundsätzlich nicht im Internet geroutet werden, weil sie mehrdeutig sind. Der Teleservice ist dadurch nicht betroffen: das Modem ist zur Einwahl im gesicherten Bereich installiert und wird nur während der Fernzugriffe vom örtlichen Betriebspersonal eingeschaltet, so dass während der übrigen Zeit keine unbemerkten Zugriffe stattfinden können.

Durch die dargestellte Lösung, nur über einen einzigen (Proxy-)Webserver auf die Prozessdaten zuzugreifen, können verschiedene Zugriffsberechtigungen realisiert werden, was bei der direkten Kommunikation per OPC nicht möglich wäre. Insbesondere Schreibzugriffe auf Prozessdaten können vollständig unterbunden oder protokolliert werden. Dieser Aspekt hat im Hinblick auf die rechtliche Situation bei Fernwartungen eine große Bedeutung. Die Zugriffsberechtigungen kann der Webserver auf der Basis von passwortgeschützten Bereichen oder durch den Einsatz von Filtern realisieren, die nur bestimmte IP-Adressen für Requests zulassen.

6 Zusammenfassung und Ausblick

Die zunehmende Verbreitung von Internet-Technologien fordert eine Prüfung der Anwendungsmöglichkeiten auch im Anlagenbau heraus. HTML, ursprünglich zur Erstellung verteilter Dokumente entwickelt, ist auch in dem verteilten System einer Anlage verwendbar. Bei der Verwendung von TCP/IP-basierten Protokollen wie HTTP lassen sich viele Dienste ohne weitere Modifikation auch für den Teleservice einsetzen, so dass ein doppelter Entwicklungsaufwand für den Vor-Ort- und den Teleservice vermieden wird.

Für den Einsatz im Anlagenbau reicht einfaches HTML nicht aus, sondern muss durch weitere Technologien wie DHTML, JavaScript, Java und XML ergänzt werden. Dabei kommt XML wegen der datenzentrierten Sichtweise eine besondere Bedeutung zu. Sicherheitsaspekte wie Zugriffsschutz sind - auch aus rechtlichen Gründen - von höchster Wichtigkeit: Sowohl der Zugriff auf die Webdienste als auch besonders auf die Anlagendaten muss geschützt werden. Während bei Einsatz herkömmlicher Techniken zur Anzeige von Prozessdaten (wie bei OPC) die Gefahr eines schreibenden Zugriffs besteht, kann ein zwischengeschalteter Webserver zur Anzeige der Daten dies sicher verhindern.

Eine konsequente Umsetzung auf Webtechnologien lässt sich aufgrund des notwendigen Aufwandes nur mittelfristig erzielen. Während sich z. B. Webseiten mit integrierten Prozesswerten relativ einfach ergänzen lassen, sind für die Umstellung von Datenbankanwendungen erhebliche Anstrengungen notwendig, weil die Applikationen neu implementiert werden müssen.

Die zur konsequenten Realisierung einer Bedien- und Leitebene notwendigen Internet-Technologien sind noch nicht ausgereift, um im industriellen Umfeld einsetzbar zu sein. Jedoch sind viele im Büroumfeld genutzte Technologien mit gewissem Zeitversatz auch bereits in den Automatisierungsbereich vorgedrungen, und so ist für die nächsten Jahre mit einem breiten Einsatz auch im Anlagenbau zu rechnen. Zur Zeit lassen sich nur Nischen wie etwa Teleserviceanwendungen sinnvoll realisieren.

Literaturverzeichnis

[1] Siemens AG: SIMATIC NET IT-CP für SIMATIC S7

[2] Microsoft Corp.: XML-SDK Technology Preview Release March 2000

[3] Münz, Stefan: SelfHTML 7.0

[4] Y. Rekhter et al.: Address Allocation for Private Internets, RFC 1918

[5] Behme, Henning; Mintert, Stefan: XML in der Praxis; Addison Wesley, 2000

[6] Darby, Chad: Developing 3-Tier Database Applications with Java Servlets; http://www.sys-con.com/java/feature/3-2/3-tier/index.htm

[7] Bosak, Jon: XML, Java, and the future of the Web; http://metalab.unc.edu/pub/sun-info/standards/xml/why/xmlapps.htm

[8] Hermes, K.-P. et al. : Ein generisches System für das Beobachten und Bedienen von SPS-Anwendungen auf der Basis von Web-Technologie; in: Holleczek, P.: PEARL 99; Springer 1999

Set-Top-Boxen für den digitalen Fernsehempfang

Marc Sieburg

Kurzfassung:

Die Set-Top-Box (STB) ist das neue Endgerät für den digitalen Fernsehempfang nach DVB. In der STB laufen Prozesse wie die Decodierung des Videosignals (MPEG-2 Codierte Signale), das Filtering der Systeminformationen (DVB-SI) und der Private Datas in Realzeit ab. Die Bildfolge beträgt 40 msec, in dieser Zeit müssen alle Prozesse beendet sein. Die verschiedenen Modell für die Datenhaltung, der Lifecycle und das Benutzerinterface werden beschrieben.

Einführung:

Miedienkonvergenz – ist eines der großen Schlagworte und Versprechen der letzten Jahre. Zunächst nur in Fachkreisen (Das Internet von Morgen, Münchner Kreis 11.99) inzwischen jedoch schon bald Allgemeingut. Betrachtet wird dieses Thema meist nur unter dem Gesichtspunkt bald verfügbarer hoher Datenraten im Internet sowie PC's für die das Abspielen von Video inzwischen ohne ständige Unterbrechung des Bildflusses möglich ist. Übersehen wird hierbei oft, die grundsätzlich andere Erwartungshaltung von Fernsehzuschauern und Computerbenutzern die schließlich zu wesentlich härteren Echtzeitanforderungen für das digitale Fernsehen führt.

Benutzerinterface

PC-User versus TV-Viewer

Auch wenn die aktuell heranwachsende Generation einen PC mit einer Selbstverständlichkeit bedienen wird wie sie heute eher den Fachleuten vorbehalten ist, so kann man auch in dem Nutzungsverhalten dieser Generation deutlich zwischen dem „aktiven Surfen“ im Internet und dem eher passiven Fernsehen unterscheiden– eine Mischform ist allenfalls das weit verbreitete

Extrem-Zapping.

Doch schon hier gibt es wesentliche Unterschiede. Ist man im Internet durchaus bereit auf ein Seite auch mal 5 Sekunden zu warten, so ist diese Zeit beim Umschalten eines Fernsehkanals viel zu lang. Fehler bei der Synchronisation zwischen Audio & Video oder gar vereinzelte Aussetzer der Medienpräsentation – bis hin zum Reboot – werden beim PC klaglos in Kauf genommen. Beim Fernsehen dagegen ist der Benutzer fehlerfreie flüssige Präsentationen mit kurzen Umschaltzeiten und extrem einfacher Bedienung gewöhnt. Digitale Mehrwerte, wie zum Beispiel ein Programmführer, dürfen das Programm nicht stören. Das Aussetzen des Videos während gerade eine Applikation startet - und gleichzeitig Häkkinen Schuhmacher kurz vor dem Ziel überholt – gehört zu den absoluten Horrorszenarien.

Als Eingabemedium dient eine einfache Fernsteuerung die meist mit nur knapp 20 Tasten wesentlich einfacher gestaltet ist als ein PC mit Tastatur und Maus. Aufwendige Menüs sind auf einem Bildschirm mit 720 x 576 im 50Hz Interlace Modus kaum möglich und der Mehrheit der Fernsehzuschauer auch nicht vermittelbar. Digitale Mehrwerte müssen sich an diese Randbedingungen des Fernsehens anpassen um als Fortschritt empfunden zu werden. Sie dürfen das Fernsehen nur ergänzen und nicht zu einer Hürde werden, die es zu überwinden gilt bevor man endlich fernsehen darf. Eine reine Übertragung des Internets auf das Fernsehen ist damit so gut wie ausgeschlossen. Statt dessen müssen neue Wege des User-Interface-Design und für die User- Interaktion gefunden werden.

Der User wird zum Viewer der allenfalls zwischendurch aktiv wird, sich aber ansonsten einfach zurücklegen und das Programm genießen kann. Das Verwalten von Programmen, Plattenplatz, Fenstern oder womöglich sogar ein Reboot des Systems würde viele Viewer nicht nur abstoßen, sondern schlicht überfordern.

Um diesen Anforderungen gerecht zu werden wurden in MHP(Multimedia Home Platform) eine Reihe von neuen APIs für die Benutzer-Interaktion definiert. Sie enthalten ein speziell auf die Anforderungen einer reinen Navigation mit einer Fernsteuerung abgestimmtes auf Java-Lightweight-Components aufbauendes Widgetset. Es erlaubt für jedes vom Benutzer ansteuerbare Widget (HNavigable) die genaue Angabe der nachfolgenden Widgets, und enthält die Möglichkeit Tastatur-Shortcuts für einzelne Widgets einzutragen.

Die APIs des Benutzerinterface

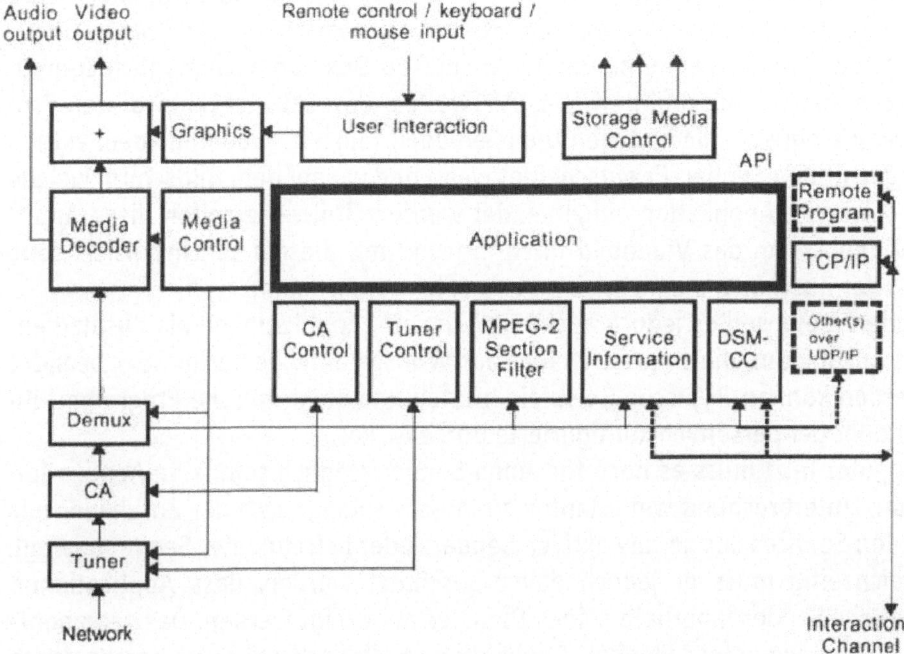

Abbildung 1: Die wichtigsten Komponenten der MHP-API

Applikationen laufen in Scenes deren Focus von den Applikationen innerhalb eines Broadcasting-Services selbstständig verwaltet wird. Um diese Verwaltung zu vereinfachen, können auch inaktive Scenes über eine spezielle API Tasteneingaben erhalten. Da dies z.B. während der Passworteingabe zu Sicherheitsproblemen führen würde, kann sich eine Applikation einzelne Tasten vorübergehend exclusiv reservieren.
Für die Graphikdarstellung dient 24Bit sRGB mit 8-Bit Alpha gemäß den Porter-Duff-Regeln [5], [6]. Dies ermöglicht eine vollständige Integration der Applikation in das aktuell laufende Video.
Der Java-Media-Player sowie Teile der JavaTV-API und Service-Selection & Tuning APIs ermöglichen die Steuerung von Audio- und Videoinhalten durch die Applikationen [13],[16],[17].

Applicationsmanagement:

Services - Bouquets versus Window-Environment

Der Tradition des Fernsehens folgend ist die Darbietung der Dienste Service-Zentriert. Ein Service kann konventionell aus der Kombination von Video und

Audio bestehen. Die Verantwortung der Inhalte des aktuell angewählten Services obliegt dem Sender. Er hat die volle Kontrolle über alle Inhalte, die auf dem Bildschirm angezeigt werden – solange der Zuschauer sie ihm gewährt. Zusätzlich wird es auf einer digitalen Set-Top-Box nun auch möglich Computerprogramme auszuführen. Das Verwalten des Lebenszyklus dieser Programme obliegt - dem obigen Dienstemodell folgend - ebenfalls dem aktuell angewählten Sender. Er entscheidet wann und wo auf dem Bildschirm welche und wieviel Applikation eingeblendet werden. Teilweise sollen diese Applikationen so in das Videobild integriert und mit diesem synchronisiert sein, das der Zuschauer sie nicht einmal als solche wahrnimmt.
Andererseits soll es jedoch auch möglich sein, Applikationen als Zusatzdienste anzubieten, die vom Zuschauer auf Wunsch aktiv gestartet oder beendet werden können. Typische Beispiele hierfür sind elektronische Programmführer oder der persönlich konfigurierte Börsenticker.
Zu guter letzt muss es noch für einen Sender möglich sein, eine Applikation ohne Unterbrechung weiterlaufen zu lassen, solange sich der Zuschauer nur in den Services des gerade aktiven Senders oder befreundeter Sender bewegt. Gleichzeitig muss er jedoch davor geschützt werden, dass Applikationen fremder Sender innerhalb seines Dienstes angezeigt werden. Das versehentliche Anzeigen einer Playboy-Applikation im Kinderkanal muss bereits durch den Broadcaster wirksam unterbunden werden können.

Applikationsmodell:

Diese Anforderungen führen zu einem Applikationsmodell, das sowohl vom Benutzer als auch vom Serviceanbieter direkt durch Signalisierung im Datenstrom beeinflusst werden kann.

Allgemein werden im digitalen Fernsehstandard MHP Applikationen – mit Java-Applets vergleichbare Java-Applikationen (Xlets) - durch die in Abbildung 2 beschriebenen Zustände charakterisiert.

Dieses Zustandsmodell beschreibt jedoch nur die Sicht des Applikationsentwicklers auf die verschiedenen logischen Zustände in denen sich die Applikation nach Aufruf der von ihm zu implementierenden Methoden initXlet(), startXlet(), pauseXlet(), destroyXlet() befindet bzw. wie oft und in welcher Reihenfolge diese Methoden aufgerufen werden. Bereits im Loaded State kann es durch die Ausführung von Konstruktoren und statischen Initialisierern zur Ausführung von Applikationscode gekommen sein.

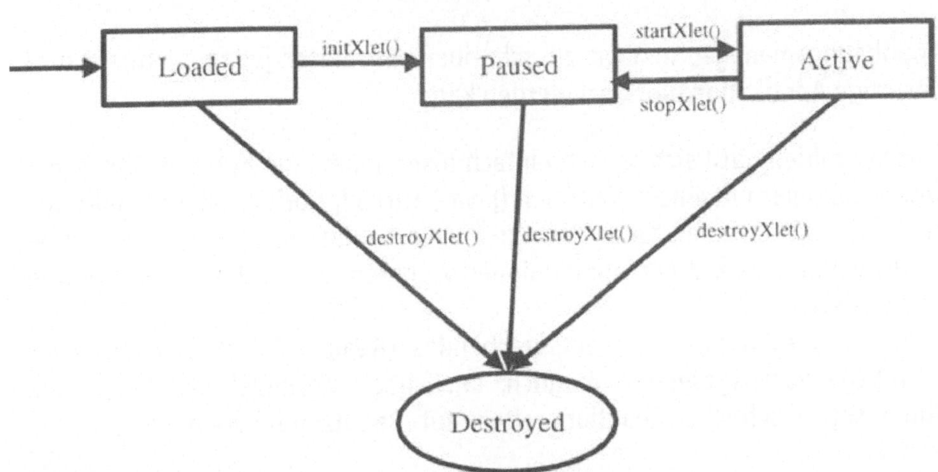

Abbildung 2: Xlet-Lifecylce des MHP-Standards

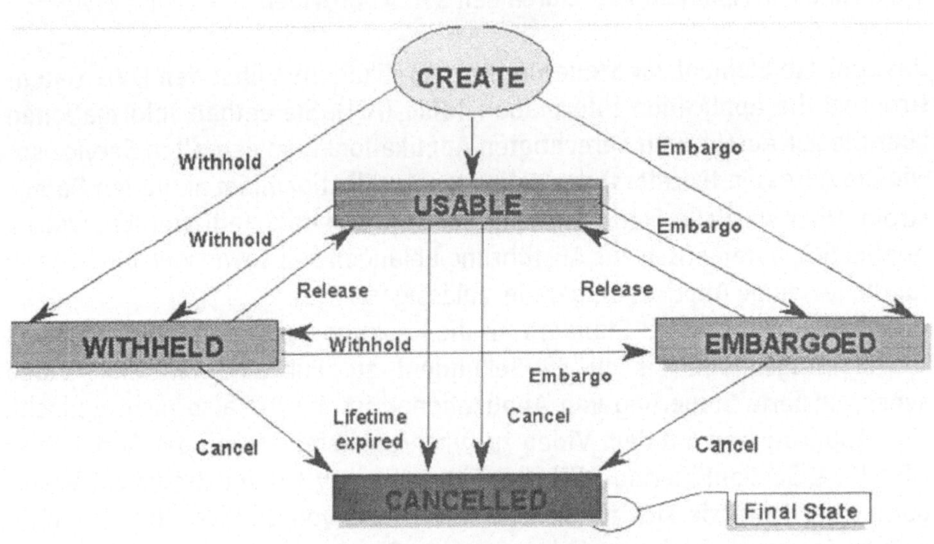

Abbildung 3: klassisches Prozessmodell (Quelle: IRT)

Mit einem klassischen Prozessmodell (Abb.3) sollte dies nicht verwechselt werden. Dieses Modell ergibt sich erst, wenn man das Java zugrundeliegende – und auch in der Java Language Specification leider unterspezifizierte – hierarchische Threadmodell und die dort zur Verfügung stehenden Mechanismen zur Synchronisation von Threads (synchronized, wait(), notify(),sleep()) berücksichtigt.

Allerdings macht die MHP- Spezifikation keine Aussagen über die Priorisierung verschiedener Tasks. Damit wird es unmöglich einen echtzeitfähigen

Applikationsmanager in Java zu schreiben, da dieser jederzeit durch eine bösartige Applikation blockiert werden kann.

Dieses Problem läßt sich jedoch einfach lösen indem die Set-Top-Box Applikationen immer mit einer niedrigen (Java-) Threadpriorität ablaufen läßt und die höheren Prioritäten für Systemthreads vorbehält. Durch Einsatz des Java-Securitymanagers kann es Applikationen verboten werden höhere Prioritäten anzufordern.
Damit wird es dann – ein entsprechendes (Realzeit-) Betriebssystem als Grundlage vorausgesetzt – möglich, tatsächlich störungsfreies Audio und Video sowie schnelle Reaktionszeiten auf Benutzereingaben zu gewährleisten.

Steuerung von Applikationen durch den Serviceprovider:

Das zentrale Element zur Steuerung von Applikationen über den DVB-Datenstrom ist die Application Information Table (AIT). Sie enthält Informationen über die zur Ausführung berechtigten Applikationen im aktuellen Service sowie die Adressen (Locators) der gelisteten Applikationen im aktuellen Datenstrom. Über spezielle Flags kann der Set-Top-Box mitgeteilt werden, welche Applikation automatisch zur Ausführung gelangen soll sowie welche Zustand für die jeweilige Applikation gerade zulässig ist.
Allerdings läßt der MHP-Standard für die Reaktion auf diese Steuerungsflags Verzögerungen von bis zu 30 Sekunden! zu. Für eine mit dem Video synchronisierte Steuerung von Applikationen ist die AIT also nicht gedacht. Um Applicationen mit dem Video zu synchronisieren stehen der Applikation APIs (SI & SectionFiltering-API) zum Filtern des DVB-Datenstroms zur Verfügung. Hier kann sie sich für in den DVB-Strom von Serviceanbieter eingebettete Events registrieren und damit eine Synchronisation zum Audio bzw. Video erreichen.
Applikationen sind fest an einen Service gebunden und werden von der Set-Top-Box automatisch beim Verlassen des Service, z.B. weil der Zuschauer zappt, wieder terminiert - ausser der neue Service hat über einen External Authorisation Descriptor in seiner AIT die Ausführung innerhalb des eigenen Dienstes erlaubt und der alte Service hat die Applikation nicht als Service-Bound signalisiert.

Applikationen können in der AIT als eigenständige Dienste – mit oder ohne Audio & Video – für andere Applikationen sichtbar oder unsichtbar signalisiert werden.

Jede Applikation läuft in ihrem eigenen Adressbereich. Aus Speicherplatzgründen ist es jedoch erlaubt Set-Top-Boxen zu entwickeln die nur eine Virtuelle Maschine enthalten. In diesen Boxen wird die Trennung der Adressbereiche erreicht, indem jede Applikation in einem eigenen Classloader geladen wird. Damit wird versucht einen unkontrollierten Datenaustausch zwischen verschiedenen Applikationen zu verhindern. Als einzige Möglichkeit der Kommunikation für Applikationen untereinander stellt der MHP-Standard RMI zur Verfügung.

Datenhaltung:

Broadcast ist die Basistechnologie zur Verteilung von Information an Set-Top-Boxen für die digitalen Fernsehempfang. Im Enhanced Broadcasting Profile gibt es unter Umständen keinen Rückkanal. Damit wird es für diese Boxen keine Möglichkeit Daten explizit bei Bedarf anzufordern. Die Daten müssen statt dessen zyklisch gesendet werden. Diese anscheinende Verschwendung von Bandbreite ist jedoch angesichts der zu erwartenden Millionen von gleichzeitig aktiven Empfängern die einzig praktikable Lösung. In DVB entschied man sich für das DSMCC-Object-Carousel – ein auf CORBA aufbauendes in MPEG eingebettetes Dateisystem das eine Vielzahl von Features liefert [7],[10], [11], [12]. Für Applikationen auf der Set-Top-Box sind DSMCC-Object-Carousels als einfache Read-Only-Filesysteme sichtbar. Welche Object-

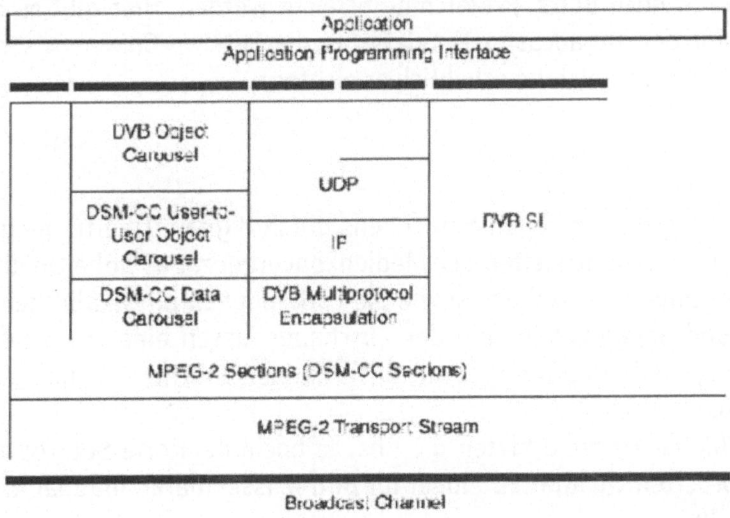

Abbildung 4: DVB-Transportprotokolle

Carousels zum Home-Directory für eine Applikation zusammengefasst werden, kann der Sender in der AIT mit Hilfe URL-ähnlicher Locator definieren.

Caching – Prefetching

Caching von Object-Carousels kann die Zugriffszeiten erheblich verbessern. Set-Top-Box-Herstellern ist der zu verwendende Caching-Algorithmus allerdings freigestellt. Dies führte auf den ersten Set-Top-Box-Prototypen zu Startzeiten für eine 160KB gösse Applikation zwischen 20 Minuten (ohne Caching) und 6 Sekunden. Im letzten Fall wurde das DSMCC-Object-Carousel vollständige Herunterladen und zwischengespeichert. Da Object-Carousels jedoch selten so groß sind, dass sie den zur Verfügbaren Speicher eine Set-Top-Box überschreiten wird sich voraussichtlich das sofortige Vollständige Herunterladen des DSMCC-Object-Carousels durchsetzen.
Intelligente Caching-Algorithmen sind dagegen gefragt, wenn durch häufiges Zappen der Speicher der Boxen nicht mehr ausreicht. Auch hier verfolgt im Augenblick jeder Hersteller seine eigenen Strategien. Vom vollständigen Caching bei Systemen mit Festplatte bis zum sofortigen Löschen des Caches beim Laden eines neuen OC auf Low-Level-Boxen findet man alle Ausprägungen.
Eine zusätzliche Optimierung des Cachings und er Startzeiten von Applikationen kann noch durch Prefetching erreicht werden. Hier gibt es die Möglichkeit für den Broadcaster Hinweise an die Set-Top-Boxen zu senden, die ein sinnvolles Prefetching erheblich erleichtern.

Fazit:

Die Ablösung des analogen Fernsehens durch digitale Übertragungsmedien eröffnet neue Möglichkeiten der Medienkonvergenz. Das hohe Qualitätsniveau des analogen Fernsehens sowie die vorhandenen physikalischen Schnittstellen und Sehgewohnheiten der Zuschauer lassen eine reine Integration von Video, Audio und Internet auf Basis handelsüblicher PCs ungeeignet erscheinen.
Echtzeitfähige Systeme bieten die Chance hochintegrierte Set-Top-Boxen in der geforderten Qualität zu einem für den Massenmarkt adäquaten Preis zu entwickeln.

Referenzen:

[1] Tam 232 R16

[2] MHP-Symposium im IRT Juli 2000

[3] IRT-Jahresbericht 1999

[4] Prozessmodell

[5] IEC 61966-2-1 1 Multimedia systems and equipment -Colour measurement and management -Part 2-1:Colour management -Default RGB colour space - sRGB

[6] Porter-Duff T.Porter and T.Duff,"Compositing Digital Images", SIGGRAPH 84,253-259.

[7] ISO/IEC 13818-1 1996 Information technology -Generic coding of moving pictures and associated audio information:Systems.

[8]ISO/IEC 13818-2 1996 Information technology —Generic coding of moving pictures and associated audio information —Part 2:Video (MPEG-2 Video)

[9]ISO/IEC 13818-3 2 nd Ed.1998 Information technology -Generic coding of moving pictures and associated audio -Part 3,MPEG-2 Audio.

[10]EN 301 192 1.2.1 Specification for Data Broadcast

[11] ISO/IEC 13818-6 1998 Information technology -Generic coding of moving pictures and associated audio information:Extensions for Digital Storage Media Command and Control.

[12] CORBA/IIOP 2.1 The Common Object Request Broker:Architecture and Specification,Object Management Group.
ftp://ftp.omg.org/pub/docs/formal/97-09-01.pdf

[13] Java Media Player Specification.
1.0,Sept 2,1997 Sun Microsystems Java Media Player Speci .cation.(javadoc).
http://java.sun.com/products/java-media/jmf/forDevelopers/playerapi/packages.html

[14] JavaRMI 1.41,Mar 24,1997 Sun Microsystems,Java ™ Remote Method Invocation Specification.
http://java.sun.com/products/DJ/1.1/docs/guide/rmi/spec/rmiTOC.doc.html

[15] Java VM ISBN 0-201432943 The Java Virtual Machine Speci .cation (2nd edition), T.Lindholm and F.Yellin,Addison-Wesley.

[16] Java TV 04.04.2000 Java TV API 1.0 Release Candidate D

[17] DAVIC 1.4.1p9 June 1999 DAVIC 1.4.1 Specification Part 9,Complete DAVIC Specifications,DAVIC. http://www.davic.org

[18] EN 300 468 1.3.1 Digital broadcasting systems for television,sound and data services;Specification for Service Information (SI)in Digital
Video Broadcasting (DVB)systems

[19]Java Class Libraries Vol.1
ISBN 0-201-31002-3 The Java Class Libraries,Second Edition,Volume 1 by Patrick Chan,Rosanna Lee and Douglas Kramer.

[20]Java Class Libraries Vol.2
ISBN 0-201-31003-1 The Java Class Libraries,Second Edition,Volume 2 by Patrick Chan and Rosanna Lee.

[21]Java Language Spec.
ISBN 0-201-63451-1 The Java Language Specification by James Gosling,Bill Joy and Guy Steele.
ftp://ftp.javasoft.com/docs/specs/langspec-1.0.pdf

Signalprozessoren als Koprozessoren für Linux

Robert Baumgartl, Ingo Oeser, Daniel Schreiber, Michael Schwind

Technische Universität Chemnitz
Fakultät für Informatik
Professur Betriebssysteme

vorname.familienname@informatik.tu-chemnitz.de

Zusammenfassung Digitale Signalprozessoren (DSP) sind ein preiswerter Weg, die Verarbeitungsleistung aktueller PC-Systeme zu erhöhen. Die Unterstützung von DSPs für das Betriebssystem Linux ist gegenwärtig mangelhaft. Das im Beitrag vorgestellte Projekt propagiert eine einheitliche Treiber-Architektur für DSPs unter Linux. Es werden knapp die Anforderungen umrissen, die Grobstruktur erläutert sowie einige wesentliche Aspekte detailliert. Im zweiten Teil werden mit kryptographischen Algorithmen und Filtern der Bildverarbeitung zwei mögliche Anwendungsfälle vorgestellt und diskutiert.

1 Einführung

Im Gegensatz zu den Betriebssystemen der Windows-Familie steht die Entwicklung umfangreicher multimedialer Applikationen für das Betriebssystem Linux noch am Anfang. Die Verarbeitung multimedialer Daten stellt jedoch neue Anforderungen an das System:

- interaktive Applikationen erfordern geringe Reaktionszeiten des Systems,
- Algorithmen über strombasierten Daten wie die Wiedergabe und Aufnahme von Audio- oder Videoinformationen erfordern einen hohen Datendurchsatz bei kleiner Verzögerungszeit,
- eine minimale Operationsdauer ist generell wünschenswert.

Die Situation wird verkompliziert durch die Einführung von Dienst*garantien*, d.h., einmal getroffene Zusagen über bestimmte Parameter eines Dienstes müssen bis zur Beendigung dieses Dienstes beibehalten werden, unabhängig von der Systemlast.

Zur Realisierung dieser sich teilweise widersprechenden Anforderungen sind verschiedene Strategien denkbar. Eine Möglichkeit ist die Konstruktion von Hochleistungssystemen, die für den überwiegenden Teil aller Einsatzszenarien genügend Leistungsreserven bieten. Diese Systeme sind in der Regel sehr teuer. Ein zweiter Ansatz ist die Konstruktion preiswerterer, weniger leistungsfähiger Systeme verbunden mit der Toleranz transienter Überlastungen dieser Systeme. Der in diesem Papier propagierte Ansatz basiert stattdessen auf der Auslagerung zeitkritischer und rechenintensiver Algorithmen auf spezialisierte Koprozessoren, um die CPU des Systems von komplexen Operationen zu entlasten.

Aus verschiedenen Gründen heraus bieten sich Digitale Signalprozessoren (DSP) besonders für diese Aufgabe an :

- DSPs sind im Vergleich zu Universalprozessoren sehr leistungsfähig und preiswert ([4], [7]).
- DSPs sind durch ihre besondere Architektur besonders geeignet für die Verarbeitung von Datenströmen.
- DSPs sind für den Einsatz unter Echtzeitbedingungen konzipiert. Es ist vergleichsweise einfach, exakte Ausführungszeiten für DSP-Code zu ermitteln.

Zur Zeit existieren Integrationslösungen von DSPs in Standard-PC-Systeme fast ausschließlich für die Windows-Betriebssystemfamilie. Diese Lösungen sind im allgemeinen proprietär. Damit verhindern diese Systeme die freie Nutzung des DSPs als Koprozessor für beliebige Applikationen.

Das Betriebssystem Linux bietet durch das „Open Source"-Konzept eine Alternative, jedoch fehlt bisher die notwendige Unterstützung von DSP-Hardware im Betriebssystemkern. Im Projekt „Linux & DSPs" an der TU Chemnitz versuchen daher die Autoren, diese Lücke zu schließen. Die Arbeit konzentriert sich gegenwärtig auf zwei Schwerpunkte:

1. Entwurf einer generischen Treiberarchitektur,
2. Entwicklung von beispielhaften DSP-Applikationen.

Der Rest des Papiers ist folgendermaßen strukturiert. In Abschnitt 2 wird die vorgeschlagene Treiberarchitektur vorgestellt und grundlegende Designentscheidungen motiviert. Abschnitt 3 diskutiert den gegenwärtigen Stand bei der Entwicklung von DSP-Applikationen und präsentiert einige erste Ergebnisse. Abschnitt 4 gibt einen knappen Ausblick auf die nächsten Etappen des Projektes.

2 Architektur des DSP-Treibers

2.1 Motivation

Der Entwurf einer ersten Architektur von Treibern für DSP-Hardware hat zwei Zielstellungen:

a) Ein Maximum von existierender DSP-Hardware soll potentiell unterstützt werden.
b) Die durch das jeweilige Hardware-Interface erzielbare Kommunikationsbandbreite soll möglichst verlustfrei an den Nutzer weitergereicht werden.

Die verfügbare DSP-Hardware für Standard-PC-Systeme ist sehr heterogen. Zum einen existieren eine Vielzahl unterschiedlicher DSP-Typen verschiedener Hersteller (für eine Übersicht wird auf [1] verwiesen), die zueinander in Architektur, Datenformat und Befehlssatz inkompatibel sind. Zum anderen existieren selbst für einen einzigen DSP-Typen verschiedene Hardwareumgebungen (im folgenden DSP-*Subsysteme* genannt), die sich unterscheiden in:

- *Architektur des DSP-Subsystems.* Die Ausstattung eines DSP-Subsystems mit Peripherie (D/A-, A/D-Wandler, externe Schnittstellen) und lokalem Speicher differiert; die Adressen, an denen externe Einheiten angeschlossen sind, unterscheiden sich häufig. Auch die Anzahl Prozessoren kann variieren; es gibt sowhl Boards mit nur einem DSP als auch modulare Lösungen mit mehreren Prozessoren.
- *Schnittstelle zwischen DSP-Subsystem und PC.* Einsteckkarten für die Bussysteme ISA und PCI existieren genauso wie separat betriebene Subsysteme, die über USB oder eine serielle Schnittstelle angekoppelt werden. Auch die Ausprägungen für eine Schnittstelle können variieren, beispielsweise existieren mehrere zueinander inkompatible Chipsätze für den PCI-Bus.

Eine Standardisierung dieser DSP-Peripherie erscheint unrealistisch.

2.2 Grundlagen

In der folgenden Diskussion gehen wir davon aus, daß ein DSP zusammen mit der erforderlichen Peripherie (lokaler Speicher, Schnittstellen nach außen, also z.B. A/D- und D/A-Wandler) im System integriert ist und über eine geeignete Schnittstelle mit der CPU des Systems kommunizieren kann.

Der Linux-Kern unterscheidet zwischen zeichenorientierten und blockorientierten Geräten. Der Implementierung eines blockorientierten Gerätes stehen entgegen:

- Die ausschließliche Realisierung blockbasierter Übertragungen erscheint inflexibel. Zur Ansteuerung des DSPs fallen sporadisch Übertragungen geringer Länge an, die durch Blockorientierung schlecht zu verwirklichen sind.
- Blockorientierte Geräte verwirklichen i.a. ein montierbares Dateisystem, welches im Kontext eines DSP-Subsystems schlecht abzubilden ist.

Alle DSPs werden daher als zeichenorientierte Geräte angesprochen.

Applikationsprozesse, die die Nutzung eines DSPs erfordern, gehen wie folgt vor:

1. Die Applikation kann sich über die Art und Anzahl im System vorhandener DSPs über das `/proc`-Dateisystem, sofern dieses konfiguriert ist, informieren.
2. Mittels des Systemrufs `open()` meldet die Applikation den Wunsch an, einen DSP zu nutzen. Die Operation schlägt fehl, wenn bereits eine andere Applikation den DSP nutzt oder kein DSP zur Verfügung steht. Wie in Abschnitt 4 ausgeführt, soll diese Beschränkung zu einem späteren Zeitpunkt aufgehoben werden.
3. Der Treiber versetzt den ausgewählten DSP in einen definierten Anfangszustand (beispielsweise muß Code an den DSP übertragen und gestartet werden, der die weitere Zusammenarbeit mit dem Treiber übernimmt).
4. Der Applikationsprozeß kann nun mit Hilfe einer Treiberoperation dem DSP ein Programm (Binärabbild) das die gewünschte Funktion erbringt, übertragen. Das DSP-Programm kann per Cross-Entwicklungsumgebung auf dem gleichen System erstellt werden.

5. Das DSP-Programm wird durch den Treiber an einer vordefinierten Stelle gestartet. Von nun an arbeitet der DSP autonom.
6. Der Treiber geht von einer kontinuierlichen Arbeitsweise des DSPs in einem von drei Modi aus:
   - Der DSP generiert kontinuierlich Daten; er fungiert als Datenquelle. Es werden Pufferspeicher gefüllt, die anschließend an die hostseitige Applikation übertragen werden. Die Digitalisierung externer Informationen (z.B. die Wandlung von Audioinformationen in einen Datenstrom) zählt zu diesem Modus.
   - Es werden dem DSP kontinuierlich Daten übertragen, die von diesem verarbeitet und anschließend nach außen weitergeleitet werden; der DSP ist Datensenke. Die Nutzung eines DSPs als Modem oder zur Wiedergabe von Audioinformationen (mittels eines angeschlossenen D/A-Wandlers) zählen dazu.
   - Der DSP ist Teil einer Verarbeitungs-Pipeline. Der Host überträgt Daten an das DSP-Subsystem, dieses führt eine Verarbeitung durch und überträgt die Resultate zurück an den Host. Der Kommunikationsaufwand verdoppelt sich in diesem Modus.
7. Das Ende der Zusammenarbeit zwischen Applikation und DSP wird durch die Applikation initiiert. Der Treiber setzt den DSP in einen Wartezustand zurück.

Die Funktionalität des DSP zu einem bestimmten Zeitpunkt liegt also nicht durch den Linux-Kern (den Treiber) fest, sondern wird durch den Nutzer determiniert.

Die eigentlichen Kommunikationsfunktionen zwischen CPU und DSP-Subsystem bleiben dem Nutzerprozeß verborgen. Hier ist die Hauptfunktionalität (und ein Großteil der Komplexität) des Treibers lokalisiert. Geplant bzw. bereits realisiert sind die folgenden Funktionen zur Kommunikation:

- Aktive Abfrage (Polling) und interruptgesteuerte Datenübertragung. Nicht jede DSP-Hardware ist in der Lage, Interrupts zu generieren und zu verarbeiten. Dieser Mangel verhindert jedoch einen effizienten Datentransfer, da der Host periodisch die Abfrage der Kommunikationsschnittstelle vornehmen muß.
- Wortweiser Transfer mittels serieller Schnittstelle.
- Wortweiser Transfer (per sogenannter *Mailboxen*), per Zwei-Port-Speicher (dual-ported memory), auf den DSP und CPU zugreifen können, sowie autonomer Busmaster-DMA-Transfer für PCI, sofern durch die zugrundeliegende Hardware unterstützt.

Für Transfers via Direct Memory Access (DMA) sind Mechanismen zur Partitionierung und späteren Zusammensetzung größerer Speicherbereiche vorgesehen.

2.3 Details der Architektur

Die zentrale Datenstruktur des Treibers ist der sogenannte *Chip*, er repräsentiert einen nutzbaren DSP im System. Er hat folgenden Aufbau:

```
struct dsp_chip_struct {
  struct list_head siblings;
  struct dsp_chip_class_struct *class;
  atomic_t usecount;
  struct list_head transfers;                    /* transfer queue */
  rwlock_t tlock;                 /* spinlock for transfer queues */
  void *private_data;                             /* private stuff */
#ifdef CONFIG_PROC_FS
  struct dsp_proc_dir_entry info;
#endif /* CONFIG_PROC_FS */
}
```

Die einzelnen Felder haben die folgende Bedeutung:

Feld	Bedeutung
`siblings`	Die „Geschwister“ des DSP. Alle DSPs im System sind über diese Liste miteinander verbunden.
`class`	Zueinander kompatible DSPs gehören zu einer Klasse. Innerhalb einer Klasse stehen identische Operationen zur Verfügung.
`usecount`	Zähler der den DSP nutzenden Prozesse.
`transfers`	Warteschlange, in die anstehende Transfers von und zum DSP eingeordnet werden.
`private_data`	Speicherplatz für Daten des eigentlichen Treibers.

Der Entwurf berücksichtigt bereits a) mehrere DSPs in einem System, und b) mehrere Nutzerprozesse für einen DSP. Die Funktionalität wird sukzessive vervollständigt.

Ein Treiber, der einen bestimmten Hardware-Typ (DSP und Interface) unterstützen soll, muß minimal die folgenden Funktionen bereitstellen:

Funktion	Semantik
`init()`	Initialisiert das DSP-Subsystem. Der DSP-Teil des Treibers wird übertragen und, falls notwendig, ein IRQ-Handler aufgesetzt.
`clean()`	Stoppt laufende Transfers, deaktiviert die Interruptquellen und restauriert den Zustand des DSP vor dessen Nutzung.
`reboot()`	Bringt einen nicht mehr antwortenden DSP in den Ausgangszustand zurück. Diese Funktion kann aktiv durch eine Applikation (Systemruf `ioctl()`) oder automatisiert durch einen im Treiber realisierten Watchdog aufgerufen werden.
`ioctl()`	Schnittstelle für DSP-spezifische Kommandos. Alle nicht durch generische Transfers abbildbaren Aktionen werden durch diese Funktion verwirklicht.
`begin_transfer()`	Leitet einen Transfer von Daten ein. Die genaue Anzahl, Adresse, Richtung werden als Parameter übergeben.
`end_transfer()`	Wartet auf das Ende eines Transfers.
`map_range()`	Prüft, ob ein gewisser Bereich im Adreßraum des DSP schreib- und lesbar ist. Mit dieser Funktion kann zur Laufzeit des Systems ermittelt werden, welche DSP-Adreßbereiche durch Speicher abgedeckt sind (diese sind u.U. zur Laufzeit variabel).

Die minimal durch den Treiber unterstützte Menge an Systemrufen setzt sich aus `open()`, `close()`, `read()`, `write()`, `ioctl()` zusammen, sie kann mit den oben stehenden Funktionen implementiert werden. Eine Implementation von `mmap()` ist ebenfalls vorgesehen.

3 Applikationsbeispiele

Zur Demonstration der Funktionsfähigkeit des Konzeptes sind beispielhafte Applikationen nötig. Ein weiterer Schwerpunkt des Projektes ist deren Entwicklung. Bereits abgeschlossen wurde die Realisierung von echtzeitfähigen Audio-Decodern und -Encodern nach MPEG für die Schichten (Layer) I und II [6].

3.1 RSA-Algorithmen

Gegenwärtig konzentrieren sich die Arbeiten auf Implementationen von Verschlüsselungsalgorithmen nach RSA [3], da mit kryptographischen Algorithmen ein weiteres Einsatzgebiet von DSPs identifiziert wurde.

Die zeitkritische Operation bei diesen Verfahren ist die sogenannte *Modulare Exponentation*

$$C = M^e \pmod{n}$$

für Operandengrößen von mehreren kBit. Die Exponentation und Division müssen hierbei parallel erfolgen, da ansonsten das Zwischenergebnis der Exponentation die Kapazität des Rechners bei weitem überschreiten würde. Die Modulare Exponentation wird wiederum auf eine sogenannte *Modulare Multiplikation* abgebildet, für die zwei verschiedene schnelle Algorithmen implementiert wurden (beide Varianten werden in [3] diskutiert):

- Multiplikation mit Modulobildung,
- Reduktion nach Montgomery.

Hauptproblem bei der Entwicklung der DSP-Version sind die Langzahlarithmetik sowie der nicht existente Maschinenbefehl zur Ganzzahldivision.

Die Tabelle führt die ersten ermittelten Leistungskennwerte für eine Schlüssellänge von 1024 Bit auf. Vergleichswerte einer Universalprozessor-gestützten Implementation stehen jedoch noch nicht zur Verfügung.

Variante	Bitrate $[kByte \cdot s^{-1}]$
Multiplikation mit Modulobildung	0.825
Reduktion nach Montgomery	1.25

Wie zahlreiche Veröffentlichungen (u.a. [5], [7]) zeigen, bietet die direkte Implementierung in Assemblercode bei DSPs einen signifikanten Leistungsvorsprung gegenüber der Nutzung von Hochsprachen-Compilern. Aus diesem Grunde wird innerhalb des Projektes auf diese aufwendige Technik zurückgegriffen.

3.2 Filter zur Bildbearbeitung

Das Bildbearbeitungsprogramm "GNU image manipulation program (GIMP)" bietet einen weiteren interessanten Ansatz zur Integration von DSPs: Erstens sind die Manipulation von Bilddaten klassische Applikationsgebiete von DSPs und versprechen damit erhebliches Beschleunigungspotential. Zweitens bietet GIMP eine interessante Abstraktion zur Integration unabhängig entwickelter Funktionsmodule zur Laufzeit des Programms, die sogenannten *Plug-Ins*. Diese Plug-Ins müssen beim Start des Programmes im System registriert werden und stehen dann genauso zur Verfügung wie GIMPs interne Funktionen.

Das Projekt verfolgt die Entwicklung DSP-basierter Plug-Ins. Grundsätzlich arbeiten Plug-Ins mit sogenannten *Tiles*, dies sind Segmente fester Größe, die das bearbeitete Bild konstituieren. Es sind zwei verschiedene Ansätze denkbar:

a) Der hostseitige Teil des Plug-Ins transportiert ein Tile an den DSP, dieser führt die gewünschte Funktion aus und sendet das Resultat-Tile zurück an das hostseitige Plug-In. Der Kommunikationsaufwand ist bei diesem Aufwand hoch, da jedes Tile von GIMP zum Plug-In, von dort aus zum DSP und wieder zurück übertragen wird. Der Aufwand zur Realisierung ist demgegenüber gering.
b) Das *gesamte* Plug-In ist im DSP lokalisiert. Die durch GIMP bereitgestellten Bibliotheksfunktionen zur Kommunikation müssen nun vollständig durch den DSP emuliert werden. Einem sehr hohen Implementationsaufwand steht bei dieser Variante ein Vorteil bei der Kommunikationseffizienz gegenüber, der jedoch noch nicht quantifiziert werden kann.

Beide Ansätze werden gegenwärtig verfolgt und prototypisch implementiert, um eine Leistungsabschätzung vornehmen zu können.

Im Gegensatz zum ersten Beispiel wird also eine transparente Nutzung der DSP-Hardware angestrebt, d.h., der Nutzer hat kein Wissen darüber, ob die von ihm gewünschte Funktionalität durch die CPU oder einen DSP erbracht wird.

4 Ausblick

Die nächsten Etappen des Projektes können wie folgt zusammengefaßt werden:

Integration eines DSP-Kerns. Gegenwärtig kann nur eine einzige Applikation zu einem Zeitpunkt einen DSP nutzen. Die immense Verarbeitungsleistung aktueller DSPs legt es jedoch nahe, Beschleunigerfunktionalität zeitlich parallel für mehrere DSPs anzubieten. Der dazu notwendige DSP-seitige Kern wurde als Teil eines anderen Projektes bereits für den TMS320C44 entworfen und entwickelt [2]. Die hostseitige Anbindung erfolgte jedoch für mikrokernbasierte Betriebssysteme. Die beschriebene Treiberarchitektur für Linux muß zur Ansteuerung dieses DSP-Kernes folgerichtig erweitert werden. Ein weiterer Aspekt ist die Ableitung von Richtlinien zur Konstruktion dieses DSP-Kerns für andere DSP-Typen.

Migration zu aktuellen DSP-Architekturen. Das enorme Innovationstempo bei Prozessorarchitekturen bedingt das rasche Veralten entwickelter Lösungen. Die

Kette: Entwicklung eines DSP → Entwicklung geeigneter Boards und Chipsätze → Entwicklung der Software (Treiber, Betriebssystem, Applikationen) ist kaum parallelisierbar und führt zu einem langen Innovationszyklus im Vergleich zur Technologie der Universalprozessoren. Der momentan im Projekt zum Einsatz kommende DSP ist in seiner reinen Verarbeitunsleistung den Universalprozessoren der aktuellen Generation nicht mehr gewachsen; er kann zur Demonstration eines Beschleunigungseffektes kaum eingesetzt werden. Grundlegende Konzepte müssen also auf vergleichsweise alter Hardware erarbeitet und dann zügig auf aktuelle Hardware portiert werden. Daher steht die Portierung des Systems auf einen aktuellen DSP im Vordergrund der zukünftigen Aktivitäten.

Analyse DSP-spezifischer Befehlssatzerweiterungen von Universalprozessoren. Aktuelle Universalprozessoren besitzen Befehlssatz- und Architekturerweiterungen (3DNow!, ISSE), die zur Bearbeitung von DSP- bzw. multimedialen Algorithmen optimiert wurden. Diese werden bisher jedoch unsystematisch oder gar nicht genutzt. Untersucht werden soll, inwiefern diese Erweiterungen Teilaufgaben bei der Beschleunigung multimedialer Algorithmen übernehmen können, und wie in diesem Falle die Partitionierung der Algorithmen zwischen DSP und CPU aussieht.

Erarbeitung von Verfahren zur Algorithmenpartitionierung. Schwerpunkt hierbei sind Verfahren zur Identifikation DSP-beschleunigbarer Algorithmen. Der bisher verfolgte Weg nutzt Richtlinien und Erfahrungen aus vorangegangenen DSP-Projekten und ist verbesserungswürdig. Am Beispiel eines Raytracing-Programmes werden zur Zeit Kriterien erarbeitet, die die Algorithmenpartitionierung erleichtern und formalisieren. Von Interesse ist beispielsweise, in welcher Granularität Funktionalität auf einen DSP auszulagern ist.

Informationsseiten im WWW zum Projekt „Linux & DSPs“ werden zum Zeitpunkt erstellt und können bei den Autoren erfragt werden.

Literatur

[1] Jeff Bier et al: *Buyer's Guide to DSP Processors.* Berkeley Design Technology, Inc., Berkeley, 1997

[2] Robert Baumgartl, Hermann Härtig: *DSPs as flexible Multimedia Accelerators.*, Proceedings of the Second European DSP Education and Research Conference (EDRC'98), Paris, 1998

[3] Çetin Kaya Koc: *High-Speed RSA Implementation.* RSA Laboratories, Redwood City, CA, 1994

[4] Phil Lapsley: *DSP Chips enable PC Multimedia.* Microprocessor Report 8(1994)

[5] Phil Lapsley, Jeff Bier: *DSP Benchmarks: Methodology and Results.* Proceedings of the International Conference On Signal Processing Applications & Technology (ICSPAT'94), Boston, 1994

[6] Kai Stuhlemmer: *Echtzeitfähiger MPEG-Audio-Encoder für DSP.* Diplomarbeit, TU Dresden, 1998

[7] Vojin Živojnović et al.: *DSPs, GPPs, and Multimedia Applications – An Evaluation Using DSPstone.* Proceedings of International Conference on Signal Processing and Applications (ICSPAT'95), Boston, 1995

Linux für eingebettete Systeme

A. Heursch[1], H. Rzehak, M. Will, J. Sauerland, U. Borchert
Universität der Bundeswehr München, Fakultät für Informatik
Institut für Prozessrechensysteme
Werner-Heisenberg-Weg 39, 85577 Neubiberg
[1] e-mail: heursch@informatik.unibw-muenchen.de

Zusammenfassung Embedded Systems laufen heute nicht mehr nur unter proprietären Betriebssystemen, sondern zunehmend unter Standardbetriebssystemen, die auf den jeweiligen Zweck des Embedded Systems zugeschnitten werden. Ein Vorteil ist die große Menge verfügbarer Programme und Standard-Hardware-Komponenten, im Falle von Linux ist das Betriebssystem sowie viele Anwendungen als Open-Source-Software sogar kostenlos. Im vorliegenden Artikel wird am Beispiel eines Bordcomputers für Autos aufgezeigt, daß die Umweltbedingungen eines Embedded Systems im Auto die Verwendung einer Flash-Disk als Speichermedium nahelegen. Aufgrund des hohen Preises pro Megabyte für Flashdisks muß die Software auf wenigen Megabyte Platz haben. Der Artikel zeigt, daß hierfür die Auswahl der verwendeten Programme ein wichtiges Kriterium ist, ferner werden der Boot-Mechanismus bei gepackten Dateisystemen, verwendete Konfigurationen und Programme und der von Ihnen belegte Speicherplatz angegeben.

1 Warum Linux für Embedded Systems

LINUX wurde als PC-Betriebssystem konzipiert und fand zunächst große Verwendung im Bereich der Server. Wenn man den Begriff des "eingebetteten Systems" nicht eng auf den Kontroler-Bereich beschränkt, sondern darunter allgemein Systeme mit einem eng begrenztem Einsatzbereich und durch den Hersteller mitgelieferter vollständiger Programmierung versteht, liegt es im Trend der Zeit, die Verwendung von LINUX als Betriebssystem auch für Systeme in Erwägung zu ziehen, in denen mit knappen Ressourcen umgegangen werden muß. Hierfür spricht die kostenlose Verfügbarkeit, das große Angebot an kostenfreier und kommerzieller Software, der stark modulare Aufbau des Linux-Kernels sowie die Verfügbarkeit der Quellen zum Betriebssystem und zu vielen Anwendungsprogrammen.
Aufgrund des eng umrissenen Verwendungszwecks wird man aus wirtschaftlichen Überlegungen den Ressourcenbedarf minimieren.

2 Die Hardware des Embedded Systems

Das Embedded System ist als Multimedia-System für den Einsatz in Kraftfahrzeugen konzipiert worden. Der Bordcomputer eines Kraftfahrzeuges sollte als

Multipurpose-Gerät ausgelegt sein, da er Fahrern und Beifahrern so unterschiedliche Dienste wie Verkehrsinformation, Navigation, Visualisierung von Fahrzeuginformationen auch mit Sprachausgabe, Internetbrowsing, Anbindung von Handhelds, Abspielen von DVD-Spielfilmen und MP3-Musikstücken zur Verfügung stellen wird. Sicher werden Autos mit anspruchsvoller Innenausstattung auch über festeingebaute Anbindungen ans Internet z.B. über UMTS verfügen.
In diesem Artikel wird beschrieben, wie mit Linux ein Embedded System erstellt werden kann, das als Ausgangsbasis für einen solchen Bordcomputer dienen kann. Wir haben hier auch einmal Echtzeit-Anwendungen nicht ausgeschlossen. Die Anbindung an das Internet haben wir als gegeben vorausgesetzt und das Embedded System zunächst ans Festnetz angeschlossen. Als Beispielanwendung haben wir die Wiedergabe von MP3-Audio-Dateien verwirklicht, obgleich diese spezielle Aufgabe auch von einem Digitalen Signalprozessor bewältigt werden könnte [19]. Der Vorteil eines Embedded Systems mit Linux liegt gegenüber einem solchen System hier wiederum in seiner hohen Flexibilität bei der Bewältigung verschiedenster Aufgaben.
Zu den Anforderungen die ohnehin an ein Embedded System gestellt werden, wie:

- geringe Größe
- dem Anwendungszweck angepaßte Leistung
- kleiner Preis

kommen solche hinzu, die speziell durch den Einsatz im Auto zustandekommen. Dazu gehören:

- Erschütterungsfestigkeit
- Temperaturbeständigkeit
- geringer Stromverbrauch
- Schutz vor Schmutz und Staub
- Schutz vor elektrischen und magnetischen Störungen

Auf die wichtigsten Anforderungen und die daraus zu ziehenden Schlußfolgerungen wird im folgenden genauer eingegangen. Dabei ist festzustellen, daß bei der Auswahl der Hardware immer ein Kompromiß, zwischen Leistungsfähigkeit und Belastbarkeit auf der einen Seite und dem Preis auf der anderen, eingegangen werden muß.

2.1 Geringe Größe

Als guter Kompromiß hat sich der hier verwendete SBC (Single Board Computer) PCM-5862E der Firma Advantech [1] erwiesen. Das dazugehörige Gehäuse hat die Grundfläche eines DIN A5-Blattes und ist weniger als 7 cm hoch. Es paßt damit in die meisten Handschuhfächer oder unter den Fahrersitz. Auch im Kofferraum würde es nicht übermäßig viel Platz wegnehmen.
Die Größe war ausschlaggebend für die Wahl eines LCD (Liquid Crystal Display) zur Grafikausgabe. In Verbindung mit einem Touchscreen bietet dieses auch

einen guten Bedienkomfort. Der Nachteil von LCDs ist die im Vergleich mit herkömmlichen Monitoren geringere Leuchtstärke und der geringere Kontrast. Da besonders im Auto mit starkem Lichteinfall zu rechnen ist, wurde ein LCD mit aktiver TFT-Matrix und hoher Leuchtstärke ausgewählt.
Abschließend läßt sich sagen, je kleiner das Embedded System ist, umso flexibler ist man bei der Wahl des Einbauortes, und umso geringer sind die Komforteinschränkungen durch den zusätzlichen Platzbedarf.

2.2 Erschütterungsfestigkeit

Eines der Hauptprobleme beim Einsatz von Embedded Systemen in Kfz, sind die hohen mechanischen Belastungen, denen es während der Fahrt ausgesetzt ist. Das sind in erster Linie die durch Fahrbahnunebenheiten hervorgerufenen Erschütterungen. Diese werden zwar durch das Fahrwerk gedämpft, aber nicht eliminiert. Besonders kritisch sind Stöße mit hohen g-Zahlen, wie sie z.B. bei schneller Fahrt über Bodenwellen bei voll eingefedertem Fahrwerk auftreten.
Die Bauteile des Embedded Systems müssen so ausgelegt sein, daß ihre Funktion durch die Erschütterung nicht eingeschränkt wird oder daß sie wenigstens keine dauerhaften Schäden davontragen.
Der wichtigste Unterschied im Vergleich zu normalen Computern, der aus dieser Forderung hervorgeht, betrifft den Massenspeicher. Herkömmliche Festplatten sind mit Preisen von weniger als 5 Pfennig pro Megabyte zwar sehr billig, kommen aufgrund ihrer Bauweise für einen Einsatz in Kfz aber nicht in Frage. Der nur wenige Mikrometer über den Speicherplatten schwebende Schreib-/Lesekopf könnte durch die Erschütterungen deren Oberfläche berühren, einen sogenannten 'Head-Crash' erleiden. Dies hätte eine Zerstörung der Festplatte und der darauf enthaltenen Daten zur Folge. Zwar gibt es gegen Erschütterungen unempfindliche Festplatten [2] aus dem Bereich der Notebooks, deren Preis pro Megabyte im Sommer 2000 über 1,70 DM/Megabyte liegt, man kann die Zugriffe auf die Festplatte auch minimieren [3], doch das Risiko der Zerstörung der Hardware und des Datenverlustes bleibt bestehen.
Die Lösung bieten hier Flash-Disks [5], die als IDE kompatible Massenspeicher keine bewegliche Teile besitzen und daher sehr hohe mechanische Belastungen mühelos aushalten. Ein weiterer Vorteil ist der, im Vergleich zu Festplatten, sehr geringe Stromverbrauch im Betrieb. Ausgeschaltet, d.h. ohne Leistungsaufnahme, können Flashdisks laut Herstellerangaben [4] Daten mehrere Jahrzehnte konservieren. Der Nachteil von Flash-Disks ist ihr geringer Speicherplatz und die hohen Megabyte-Preise von im Sommer 2000 über 6 DM pro Megabyte bei einer 64 MByte Flashdisk. Außerdem ist die Zahl der Schreibzugriffe auf mehrere hunderttausend Schreibzyklen beschränkt. Man sollte deshalb dem Betriebssystem kein Swapping oder ähnlich schreibintensive Operationen auf der Flashdisk erlauben.
Zum Lesen größerer Datenmenge wie z.B. Musikdateien kann man auf ein CD-ROM zurückgreifen. Zwar kann das Lesen von CD-ROM kurzzeitig durch Erschütterungen unterbrochen werden, aber durch die berührungslose Abtastung des Mediums kommt es zu keinen dauerhaften Schäden. Kurze Erschütterungen

kann man softwareseitig überbrücken durch das Einlesen von Daten in mehrere Megabyte große Puffer im RAM, so daß der Nutzer die Leseausfälle nicht bemerkt.

2.3 Leistungsfähigkeit

Die Anwendungen, die auf dem Embedded System laufen sollen, verlangen eine gewisse Leistungsfähigkeit. So erfordert die Echtzeit-Dekodierung von MP3-Daten mindestens einen Pentium-Prozessor mit 75 MHz [3]. Allerdings beträgt die Systemauslastung dann 90 Prozent.
Die Rechenleistung sollte auf jeden Fall so gewählt sein, daß das Abspielen von Audiodaten ohne Aussetzer möglich ist. Das sollte auch dann noch gewährleistet sein, wenn mehrere Anwendungen parallel auf dem System laufen.
Im Embedded System kommt als CPU ein Intel Pentium MMX mit 233 MHz zum Einsatz. Dieser stellte zum Zeitpunkt seiner Anschaffung im Frühjahr 1999 den besten Kompromiß zwischen Leistungsfähigkeit und Preis dar.

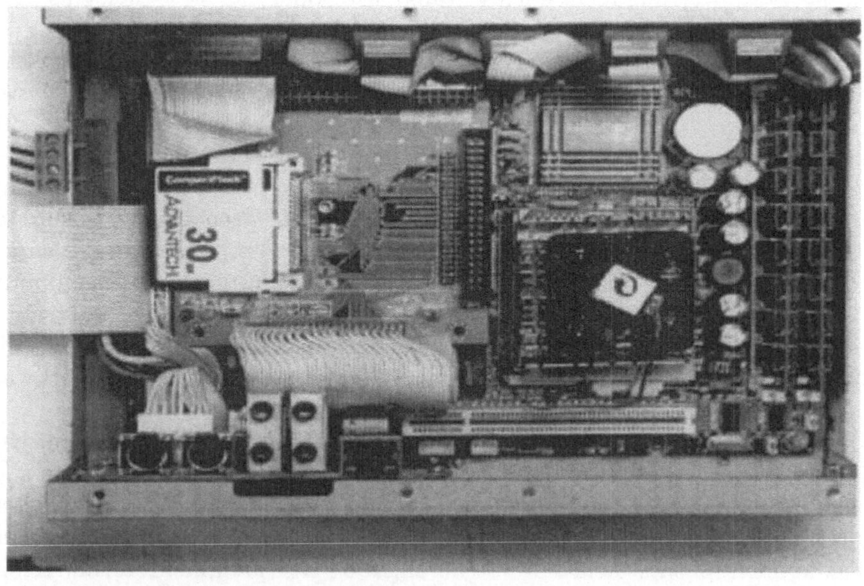

Abbildung 1. Bild des Embedded Systems: Einplatinencomputer der Firma Advantech [1] mit Flashdisk der Firma San [4] und mit Pentium-Prozessor

3 Die Software des Embedded Systems

Bei der Auswahl der Software haben wir uns für den Aufbau unseres Embedded Systems an der Zusammenstellung orientiert, wie sie auch auf Rettungsdisketten namhafter Linux-Distributionen, in unserem Falle von RedHat 6.0 [8], zu finden sind. Da aus Kostengründen die Flashdisk möglichst klein dimensioniert werden soll, müssen der Betriebssystem-Kernel und die Auswahl der Applikationen im Root-Dateisystem hinsichtlich ihres Speicherplatzverbrauches optimiert werden.

3.1 Linux-Kernel-Anpassungen

Die Codebasis des Linux-Kernels beträgt 1,13 Mio. Zeilen C-Code. Um den Kernel klein zu halten, kann er unter Linux so konfiguriert und compiliert werden, daß wenig überflüssiger Code vorhanden ist und daß insbesondere nur die für die jeweilige Hardware notwendigen Treiber enthalten sind. Mit dem Befehl **make bzImage** gepackt ist ein Linux-Kernel dann i.d.R. 300-800 KByte groß, kann aber noch durch zur Laufzeit zu ladende Module (Kernel-Objekte: Dateien *.o) ergänzt werden.

3.2 Einsparung von Speicherplatz auf der Flashdisk

Tabelle 1: Platzbedarf in MB auf Flash-Disk und RAM-Disk für unterschiedliche Konfigurationen des Embedded Systems

	Konfiguration	Flashdisk gepackt Größe[MB]	RAMDISK entpackt Größe[MB]
a)	Kernel	0,4	1,1[1]
b)	Root-Dateisystem auf der Root-Diskette	1,4	4,3
c)	wie b) plus Kernel, ftp Client, MP3-Player	2,5	5,3
d)	Root-Dateisystem wie in c) plus X-Server	6,2	12,6
e)	Root-Dateisystem wie in d) plus XMMS[2]	8,0	16,0

[1] Der Linux-Kernel wird nur ins RAM geladen, er wird nicht auf die RAM-Disk entpackt.
[2] XMMS ist ein MP3-Player mit grafischer Oberfläche

Desweiteren haben wir die folgenden Schritte unternommen, um den Platzbedarf auf der Flash-Disk zu minimieren:

- Das gesamte Root-Dateisystem kann mit einem Packer wie "gzip" gepackt auf der Flashdisk abgelegt werden. Zum Entpacken muß im nach dem Booten geladenen Initial-Dateisystem der entsprechende Entpacker ausgeführt werden, um das Root-Dateisystem zu entpacken. Unser Root-Dateisystem konnte mit gzip auf 34 % seiner ursprünglichen Größe gepackt werden. Trotz des nun notwendigen Auspackvorgangs braucht der Bootvorgang bis zum Abschluß des Starts von X als grafischer Oberfläche weniger als 40 Sekunden Zeit.

- Enfernen von Debug- und Relokationsinformation aus den verwendeten Libraries, dieser Vorgang wird "strippen" genannt und unter Linux vom Programm "strip" durchgeführt. Hierdurch konnten wir die libc.so.6 unseres Linux-Systems um 70 % verkleinern.
- Ferner kann man besonders speicherplatzsparende Tools verwenden, die für Embedded Systems unter Linux entwickelt wurden, wie z.B. 'Busybox' und 'TinyLogin' der Firma Lineo [18] oder den Editor "ae", der der Debian-Distribution [7] beigefügt ist.
- Ein weiterer Optimierungsschritt ist, große Softwarepakete wie die Standard Linux-Bibliothek "libc" evt. im Quellcode zu verändern, z.B. effizienteren Code zu schreiben oder einfach nicht im Embedded System benötigte Funktionalität wegzulassen. Diese Projekte sind jedoch sehr zeitaufwendig und wurden von uns bisher nicht durchgeführt.

3.3 Boot-Prozess

Der Ablauf des Boot-Prozesses soll hier detailliert dargestellt werden:

1. Der Boot-Loader "LiLo" lädt den Kernel sowie das Initial-Filesystem, das als Image-Datei gepackt auf der Flashdisk abgelegt wurde.
2. In diesem Initial-Filesystem befindet sich die Angabe, wo sich das eigentliche Root-Filesystem gepackt auf der Flashdisk befindet. Aus dem Initial-Filesystem wird der Entpacker "gzip"gestartet.
3. "gzip" lädt dann von der Flashdisk das gepackte Root-Datei-System nach und entpackt es auf eine RAM-Disk. Dieses Root-Dateisystem kann der Linux-Kernel dann mounten. Anschließend können die Initialisierungsskripte des Root-Dateisystems abgearbeitet werden.

3.4 Aufbau und Funktionalität des Root-Dateisystems

Das Embedded System ist als Einbenutzersystem ohne Einlog-Vorgang ausgelegt. Zu ihm gehören eine Flashdisk und eine Netzwerkanbindung, für die das Root-Dateisystem die dazugehörigen Testprogrammen enthält. Hinzu kommen die normalen Dateiverwaltungsprogramme (cp, ls, cat, grep), der Editor 'pico', die Shell 'ash', kleiner als die normalerweise verwendete 'bash', einige Linux-Tools wie insmod/rmmod, rpm als Verwaltungsprogramm für Software-Pakete, die Gerätedateien im /dev Verzeichnis zum Ansprechen der Peripheriegeräte, die Konfigurationsdateien für diese Programme im /etc Verzeichnis sowie die Libraries im /lib Verzeichnis.

4 Installation einer grafischen Oberfläche

4.1 XFree86 Version 3.3.6 und Alternativen

Als Standard-System für Grafikanwendungen unter Linux hat sich der XFree86 als freie Implementierung des X-Window-Systems etabliert [9]. Wie aus Tabelle 1

Tabelle 2: Die wichtigsten Verzeichnisse und Programme des Root-Dateisystems des Embedded Systems

Verzeichnis	Programm/Datei	Funktion
/bin		Verzeichnis für Binaries
	ash	eine Shell, kleiner als die Bash
	gzip	zum Packen/Entpacken von Dateien
	cp,mv,rm,ls,pwd,mkir	Verwaltung von Dateien und Directories
	grep, echo, cat	Suchen in und Ausgabe von Dateien
	pico	ein Editor
	mount, umount, sync	Mounten weiterer Speichermedien
	kill	Taskverwaltung
	ping, ifconfig, route	Überprüfen der Netzwerkverbindung
	fdisk, e2fsck, mke2fs	Anlegen eines Ext2 Dateisystems
	insmod, lsmod, rmmod	Verwaltung von Kernel-Modulen
/etc		Verzeichnis für Konfigurationsdateien
	mtab, fstab	enthalten die zu mountenden Verzeichnisse
	termcap	Steuersequenzen für Terminals
	hosts, resolv.conf	Netzwerkkonfiguration
	protocols, services	Zuordnung von Ports zu Protokollen
/lib		Verzeichnis für Bibliotheken
	ld-linux.so.2	lädt dynamische Bibliotheken zur Laufzeit
	libc.so.6	C-Standardbibliothek
	libext2fs.so.2	Bibliothek für die Ext2 Dienstprogramme
	libtermcap.so.2	für das Programm termcap
	noch 3 weitere lib's	
	/keymaps	enthält die dt. Tastaturbelegungstabellen
/dev		Gerätedateien
	console	aktuelles Terminal
	fd0	Diskettenlaufwerk
	hda	Flashdisk
	null	Null-Device
	ram0	Boot-RamDisk
	systty	Systemterminal
	tty1	ein virtuelles Terminal
/boot		Verzeichnis für Kernel und 'LiLo'-Dateien diese Dateien existieren nur auf der Flash-Disk, nicht auf der RAM-Disk
/home		Platz für Dateien des Anwenders
/mnt		Einhängen von Speichermedien in den Dateibaum
/tmp		für temporäre Dateien
/proc		Schnittstelle zum Kernel und zur Hardware

zu ersehen, konnten wir den XFree86 der Version 3.3.6 mit dem XSVGA-Server ungepackt von 19 MB auf 7,3 Megabyte verkleinern, gepackt sogar auf eine Größe von 3,7 MB. Von den 7,3 MB entfallen auf den XSVGA Server 3,5 MB.

Auf dem SVGA X-Server, der auf den sparsamen WindowManager 'twm' zurückgreift, kann man nun mehrere Windows öffnen. So haben wir als Beispiel -applikationen das Terminal-Programm 'xterm', den Taschen -rechner 'xcalc' und die Uhr mit grafischer Anzeige 'xclock' auf dem X installiert. Unser Flat-Panel hat eine feste Auflösung von 800 x 600 Bildpunkten.

Um Platz auf der Flashdisk zu sparen, haben wir auf nicht benötigte, länderspezifische Einstellungen, Tastaturlayouts, Headerdateien und einige X-Fonts verzichtet.

Die komplette Installation einschließlich Kernel, Dienstprogramme, mpg123, ftp-Client mit XFree86-3.3.6 und dem XF86_SVGA hat eine Größe von 12,6 MB ungepackt und nur 6,2 MB gepackt (s. Tabelle 1)

Verglichen mit 2,5 MB, in denen der Linux-Kernel, das gepackte Root-Dateisystem mit einigen Linux-Administrationstools, einem ftp-Client, und einem Konsolen-MP3 Player gepackt sind, braucht der XFree86-Server viel Platz.

Eine Ressourcen sparende Alternative wäre z.B. die Verwendung von Microwindows/NanoX [10], wie sie z.B. von Montavista [11] für Ihre Hard-Hat Distribution verwendet wird. Diese grafischen Bibliotheken stellen zwar ein X-ähnliches API zur Verfügung, Anwendungen müssen jedoch auf ein solches proprietäres GUI portiert werden oder es stehen nur wenige, evt. nicht kostenlose Applikationen zur Verfügung, z.B. ist für Microwindows der Opera Web Browser verfügbar. Für X sind sehr viele Standard-Anwendungen verfügbar, dies ist ein wichtiger Vorteil.

5 Anwendungen auf dem Embedded System

5.1 RT-Linux auf dem Embedded System

Auf dem Embedded System wurde statt des Standard Linux Kernels auch ein RT-Linux [14] installiert, um neben dem Standard-Linux System mit höherer Priorität Kernel-Tasks mit Realtime-Aufgaben laufen zu lassen, falls zeitkritische Aufgaben wie z.B. die Ausgabe von Abstandssensoren beim Einparken ebenfalls vom Embedded System durchgeführt werden sollen. Alternativ wäre auch die Installation eines RTAI-Linux [15] möglich.

Es handelt sich bei beiden Systemen um einen Patch für den Standard Linux-Kernel, der ein proprietäres API installiert, über das auf externe Ereignisse wie Interrupts mit der Hilfe von RT-Kernel-Threads in Echtzeit reagiert werden kann. Ferner können RT-Threads Aufgaben periodisch oder zu definierten Zeiten durchführen. Der Linux Kernel arbeitet mit der niedrigsten Priorität. Seine normalen Aufgaben laufen neben den Echtzeit-RT-Kernel-Threads nur etwas verzögert ab.

5.2 Installation eines MP3-Players

MP3, d.h. MPEG2.5 Audio Layer 3, ist ein Dateiformat für Musikstücke, das im Internet weit verbreitet ist. Die Musik wird bei der Aufnahme von einem Encoder gepackt, wobei für das menschliche Ohr unhörbare Informationen durch das Verfahren eliminiert werden, so daß eine hohe Packungsrate erreicht wird. Laut [3] ist ein Pentium-Prozessor mit einer höheren Taktfrequenz als 75 MHz bei einer CPU-Auslastung von 90 % in der Lage, die nötigen Fließkommaoperationen durchzuführen, um den MP3-Datenstrom in Echtzeit zu decodieren. Da auch das Datenabspielgerät mindestens einen MP3-Datenstrom von 128 kbit/s liefern muß, damit die Musik nicht unterbrochen wird, wählten wir als Abspielgerät ein ATAPI CD-ROM am IDE-Port. Softwareseitig wählten wir als MP3 Player den MP3-Decoder "mpg123" [17], der über Konsolenbefehle zu bedienen ist. Durch Kommandozeilenoptionen kann man beim "mpg123" einstellen, daß Daten im voraus in einen Puffer von einigen Megabyte im RAM eingelesen werden, so daß z.B. bei Erschütterungen, bei denen das CD-ROM kurzfristig aussetzt oder wenn rechenintensive Programme starten, die Musikwiedergabe nicht unterbrochen wird. Alternativ haben wir als grafischen MP3-Player mit vielen Zusatzfunktionen unter X den MP3-Player "XMMS" installiert, der auf dem Quellcode des "mpg123" Players aufbaut.

6 Vergleich mit anderen Embedded Systemen unter Linux

Im Internet finden sich viele Distributionen oder Software-Zusammenstellungen von Linux für Embedded Systems, entworfen für so unterschiedliche Zwecke wie Rescue-Systeme, Linux mit resourcensparender grafischer Oberfläche, Linux mit Netzwerkunterstützung, mit Webservern oder Routern oder für kleine Realtime-Systeme. Eine Zusammenstellung findet sich unter [12].

Im Unterschied zu einer Distribution haben wir unsere Software-Zusammenstellung auf eine bestimmtes, vorgegebenes Hardware-System beschränkt. Eine Distribution stellt hingegen meistens den Linux-Kernel mit Gerätetreiber-Kernelmodulen für viele unterschiedliche Hardwaregeräte zur Verfügung. Ferner ist meistens eine Installationsroutine beigelegt.

Ein Beispiel für eine solche kommerzielle Distribution ist das Produkt "Embedix" der Firma Lineo [18].

Erwähnt sei hier noch die Softwarezusammenstellung von "muLinux" [13], das auf dem etwas älteren Linux Kernel 2.0.36 und der Linux Standardbibliothek libc5 basiert und einen sehr großen Funktionsumfang auf einer 1,7 MByte Diskette erreicht, einschließlich Fax-Server, Telnet-Daemon und einem Web-Server. Der VGA-16 Server samt Window-Manager und grafischem Browser benötigt bei "muLinux" eine weitere 1,7 MB Diskette.

Wir haben hingegen den Linux-Kernel 2.2.10, die libc6 und den X SVGA-Server verwendet.

7 Fazit und Ausblick

In diesem Artikel wird die Auswahl von Hardware und Software für ein Embedded Systems mit dem Betriebssystem Linux beschrieben, das als Bordcomputer in einem Auto Verwendung finden könnte. Die zu fordernde Erschütterungsfestigkeit für ein solches mobiles System führt zur Verwendung einer Flashdisk als Massenspeicher, deren Preis und Kapazität eine Komprimierung der benutzten Software notwendig macht.
Softwareseitig können 2 wesentliche Applikationsklassen unterschieden werden, Linux mit einer Konsole als Benutzerschnittstelle sowie Linux mit grafischer Benutzeroberfläche. Die 2. Konfiguration verlangt erheblich mehr Speicherplatz auf der Flashdisk und im RAM. Im vorliegenden Artikel reichten für die erste Konfiguration eine Größe der Flashdisk von 2,5 Megabyte, für die zweite Konfiguration mit dem SVGA Server des XFree86 Projektes 6,2 MByte.
Entscheidend für die Minimierung des benötigten Speicherplatzes ist die Auswahl der verwendeten Software, die in hohem Maße vom Einsatzzweck des Embedded Systems abhängt. Ist dieser genau definiert, so können unter Beschränkung der Funktionalität weitere Einsparungen vorgenommen werden.
Als Beispielapplikation haben wir "XMMS" als grafischen MP3-Player unter X installiert, der die MP3-Dateien von CD-ROM liest.
Als nächstes Ziel möchten wir Verbesserungen des Bedieninterfaces vornehmen, durch den Einbau eines Touchscreens [20], [21], sowie den Einbau einer Sprachausgabe.

Literatur

[1] http://www.advantech.com
[2] http://www.storage.ibm.com/hardsoft/diskdrdl/micro/overvw.htm
[3] Harald Milz, "MP3-Player fürs Auto auf Platte gebannt, CAJUN", Linux Magazin 07/2000, S 100-105
[4] http://www.sandisk.com
[5] http://www.visionsystems.de
[6] Web-Seite zu "Embedded Linux", http://www.linux-embedded.org
[7] http://www.debian.org
[8] http://www.redhat.com
[9] The XFree86-Project, http://www.xfree.org
[10] http://microwindows.censoft.com
[11] http://www.mvista.com
[12] http://inf33-www.informatik.unibw-muenchen.de/research/embedded/index.html
[13] http://sunsite.auc.dk/mulinux/
[14] http://www.rtlinux.org
[15] http://www.rtai.org
[16] http://www.mp3.de
[17] http://www.mpg123.org
[18] http://www.lineo.com/
[19] Peter Nonhoff-Arps, "Dauerläufer, Personal Jukebox PJB-100: Portabler MP3-Player mit 4,8 GByte Festplatte", c't 2000, Heft 10, Seite 80,f
[20] http://www.microtouch.com
[21] http://www.elotouch.com

Erfahrungen mit Embedded LINUX

H.H.Heitmann[1], J. Burmeister[2]
[1] Fachbereich E/I, Fachhochschule Hamburg
heitmann@cpt.fh-hamburg.de
[2]m2c GmbH, Hamburg
info@m2c-gmbh.com

1 Einleitung

Eine besondere Domäne für Embedded Linux sind Gateways zwischen Industriesteuerungen und dem Web. Hierfür sind die Echtzeiterweiterungen auf der einen Seite und die hervorragenden Netzwerkeigenschaften auf der anderen Seite gute Voraussetzungen. Anhand zweier konkreter Anwendungen sollen die Möglichkeiten und Grenzen aufgezeigt werden, die mit dem Einsatz eines derartigen Betriebssystems verbunden sind. Die Anwendungen unterscheiden sich insbesondere durch unterschiedliche Echtzeitanforderungen.

2 Anwendungen

2.1 Web-Gateway für Medizingeräte

Messwerte, Alarme und Einstellungen von Patientenmonitoren sollen über das Web zur Verfügung gestellt werden. Dazu sollte ein Gateway entwickelt werden, das die Daten mittels serieller Schnittstellen von den Patientenmonitoren aufnimmt und über das Web krankenhausweit oder auch weltweit zur Verfügung stellt. Neben der Auflistung der aktuellen Patientenwerte sollen insbesondere komplexe grafische Trendverläufe präsentiert werden. Eine große Hilfe beim Aufbau derartiger Systeme sind skriptbasierte dynamische HTML-Seiten. Ziel war es daher, einen üblichen Webserver (*Apache*) mit integrierter Skriptsprache (*PHP*) in das System zu integrieren.

2.2 Gateway für eine Funk-Wetterstation

Eine ähnliche Problematik ergab sich beim Anschluß einer Funkwetterstation an das Internet. Hier bestand die Aufgabe darin, die von einem Empfänger aufgenommenen Signale zu dekodieren und die Daten in angemessener Form im Web zu präsentieren. Zur Verarbeitung der digitalen Funksignale sollte keine spezielle Hardware entwickelt werden; die Dekodierung der vom Empfänger gelieferten Daten sollte vollständig in Software realisiert werden. Für ein Desktop-Betriebssystem waren relativ hohe Zeitanforderungen zu bewältigen, da die Signale mit einer Samplerate von ca. 8000 Hz verarbeitet werden mussten.

3 Betriebssystem

Die Gründe, die für einen Einsatz des Embedded Linux sprachen, waren unter anderem:

1. die umfangreiche und robuste Implementierung der Internetprotokolle,
2. die vorhandene Echtzeiterweiterung,
3. die große Auswahl an Entwicklungswerkzeugen,
4. die Vielzahl von Hilfsprogrammen, mit der die meisten Standardprobleme direkt gelöst werden können,
5. die umfangreichen Möglichkeiten der Erstellung von grafischen Benutzeroberflächen,
6. die Möglichkeit der Anwendungsentwicklung auf einem normalen PC. Erst während der Integrationsphase ist ein Wechsel auf das eigentliche Zielsystem notwendig,
7. die gute Anpassbarkeit an die eigenen Bedürfnisse und den Ressourcenbedarf und
8. die zur Verfügung stehenden Quelltexte aller Programme.

4 Hardware

Immer mehr Hersteller bieten Miniatur-PCs an, die auf kleinstem Raum vollständige PC-Funktionen zur Verfügung stellen. Hohe Integrationsdichten sind z. B. mit Bausteinen aus der Elan-Familie von AMD zu erreichen, die neben der CPU bereits eine Vielzahl typischer PC-Funktionen integriert haben. Mit wenigen zusätzlichen externen Bauteilen können Miniatursysteme aufgebaut werden, die in der Lage sind, komplexe PC-Betriebssysteme inklusive Netzwerkfunktionen zu betreiben.

Unter Linux existieren mehrere Möglichkeiten, plattenlose Systeme zu realisieren. Steht ein Netzwerk zur Verfügung, kann das Betriebssystem und die Anwendung auf einem zentralen Server gespeichert werden. Beim Einschalten des Gerätes werden die notwendigen Programme in das Zielsystem geladen und zur Ausführung gebracht. Unter Linux kann dieses Konzept einfach realisiert werden; entsprechende Bootprogramme sind für eine Vielzahl von Netzwerkschnittstellen vorhanden. Es hat den großen Vorteil, dass die Anwendung zentral über den Server administriert werden kann und die Ressourcen des Zielsystems geschont werden. Allerdings muss zum Starten immer ein funktionierender Server zur Verfügung stehen.

Eine weitere Möglichkeit ist die Speicherung des Betriebssystems in Flash-Bausteinen. Allerdings gibt es hier ein paar Stolpersteine, da zur Zeit weder ein spezielles Flash-Filesystem noch ein Flash-Gerätetreiber für Linux existieren. Man kann sich jedoch mit einem einfachen ROM-Filesystem und einer einfachen Erweiterung des Kernels behelfen. Problematisch bleibt allerdings noch der Bootvorgang. Übliche Bootloader setzen voraus, dass ein über das BIOS des Rechners erreichbares Laufwerk vorhanden ist. Dies trifft für das ROM-Filesystem nicht zu. Es ist daher ein spezieller Bootloader notwendig. Die Abbildung 1 zeigt eine mögliche Speicheraufteilung eines Flash-basierten Systems. Kurzlebige Daten werden meist in einer RAM-Disk gespeichert. Dieses Konzept bietet aber keine Möglichkeit, aktuelle Daten persistent zu speichern.

Eine interessante Alternative ist die Verwendung von sogenannten Flash-Disks, die die Schnittstellen von üblichen Festplatten simulieren. Es stehen Bausteine zur Verfügung,

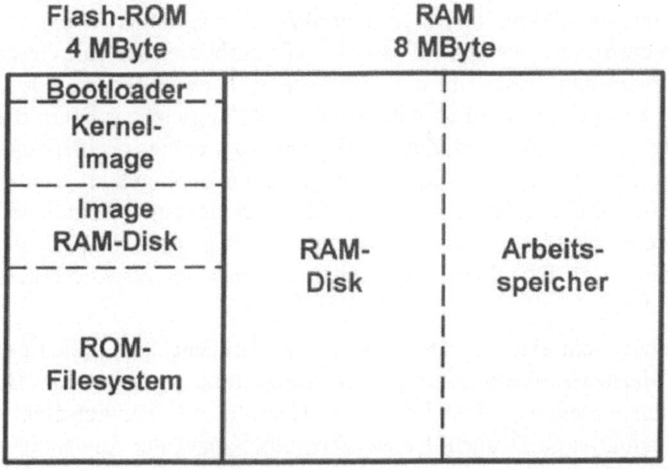

Abbildung 1: Mögliche Speicheraufteilung bei Verwendung von Flash-ROM

die direkt an die standardisierte Schnittstelle für Festplatten angeschlossen werden können. Eine höhere Integrationsdichte erreicht man jedoch mit Hilfe spezieller Chipsätze, die in den Adressraum der CPU eingeblendet werden. Dafür sind allerdings wieder spezielle Treiber notwendig; diese sind aber bereits in einigen Linux-Distributionen vorhanden.

Die in der Flash Disk vorhandene Firmware sorgt dafür, das neben dem Lesen auch ein zuverlässiges Schreiben möglich ist. Verschiedene Algorithmen stellen sicher, dass die begrenzte Lebensdauer des Flash-Filesystems optimal ausgenutzt wird. Üblicher-

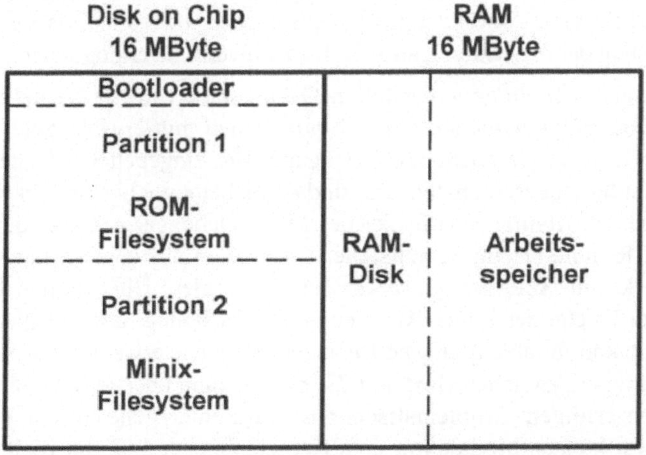

Abbildung 2: Speicherorganisation bei der Verwendung einer Flash-Disk

weise werden 300 000 bis 1 Million Schreibzugriffe garantiert. Wenn z. B. jede Minute ein Wert gespeichert werden soll, so ist bei Dauerbetrieb nur eine Gesamtlebensdauer von 200 Tagen garantiert. Um die Lebensdauer heraufzusetzen, sorgt die Firmware dafür, dass beim Überschreiben von Daten nicht die gleiche sondern die nächste freie Speicherstelle verwendet wird. Zusätzlich ist ein aufwendiges Fehlerhandling integriert, mit dem in gewissen Grenzen eine Fehlerkorrektur durchgeführt werden kann. Trotzdem sollte man darauf achten, dass Daten, die man nicht unbedingt dauerhaft speichern muss, entweder gar nicht (z. B. Null Device) oder in einer RAM-Disk abgelegt werden. Dies gilt sicherlich für etliche Logdateien, die man nur für eine kurzfristige Fehlersuche benötigt.

Das Betriebssystem eines Gerätes wird nur in den seltensten Fällen gezielt heruntergefahren. Meist wird die Spannungsversorgung abrupt unterbrochen. Bei Flash-Disks mit erlaubten Schreibzugriffen gibt es keine Garantie, dass dadurch nicht das Filesystem oder die ausführbaren Dateien des Betriebsystems bzw. der Anwendung zerstört werden. Auch die Verwendung eines ROM-Filesystems bietet keinen vollständigen Schutz. Ein weiteres Problem ergibt sich aus der direkten Verbindung mit dem Internet. Da übliche Software eingesetzt wird, muss jederzeit mit mutwilliger Zerstörung des Speicherinhaltes gerechnet werden. Dringend zu fordern sind daher Flash-Disk Bausteine, in denen für bestimmte Bereiche die Schreibzugriffe hardwaremäßig unterbunden werden können. Übliche Flash-Speicher bieten dagegen bereits heute vielfältige Möglichkeiten eines Schreibschutzes.

Für beide Anwendungen kam ein Singleboard-PC mit einer 486 CPU, 4 MByte Flash- und 8 MBye RAM-Speicher zum Einsatz.

5 Entwicklungswerkzeuge

Im Gegensatz zu vielen Echtzeitbetriebssystemen stehen unter Linux eine Vielzahl von Compilern und Interpretern zur Verfügung. Neben den hervorragenden GNU-Werkzeugen sind für viele Anwendungen Skriptsprachen interessant, da sie eine sehr einfache Anpassung der Anwendung an z. B. Kundenwünsche ermöglichen.

Die Effektivität der Programmerstellung hängt stark von der Schnelligkeit des Edit-Compile-Debug-Zyklusses ab. Unter Linux stehen mittlerweile gute Werkzeuge mit grafischer Benutzeroberfläche zur Verfügung. Bei eingebetteten Systemen stellen jedoch die häufig eingeschränkten Ein- und Ausgabemöglichkeiten ein Problem bei der Fehlersuche dar. Abhilfe schafft hier der Linux Debugger *gdb* und der in ihm implementierten Remote-Debug-Schnittstelle. Diese kann auf einem Linux-basierten Zielsystem direkt mit Hilfe des *gdbserver* genutzt werden. Über diesem Weg steht dann die gesamte Palette der Linux-Werkzeuge zur Verfügung, u. a. auch Addons, die den *gdb* um eine komfortable grafische Benutzeroberfläche erweitern (z. B. *ddd* [9]). Die Datenübertragung zwischen Host und Zielsystem kann über serielle Schnittstellen oder Netzwerken erfolgen. Problematischer ist die Fehlersuche in den Echtzeiterweiterungen. Zwar können Module mit dem Kerneldebugger *kgdb* bearbeitet werden. Dies ist jedoch recht aufwendig und wenig komfortabel. Zusätzlich ist es im Vergleich zu anderen Echtzeitbetriebssystemen schwierig, den Systemstatus zu ermitteln. Hier wäre

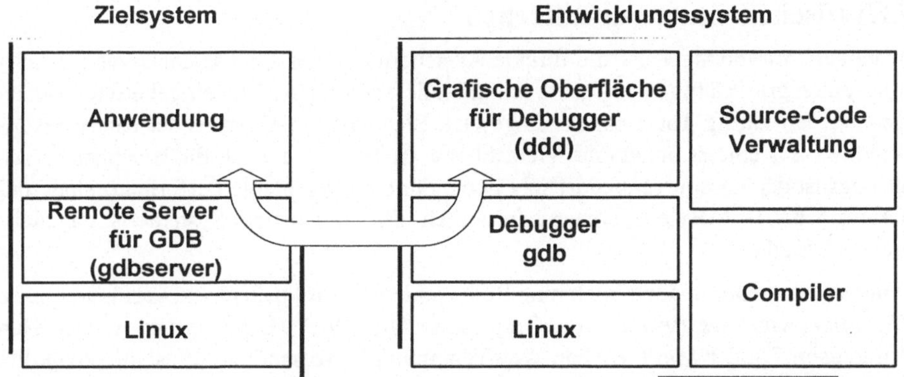

Abbildung 3: Linux-basierte Anwendungsentwicklung

ein Systemdebugger hilfreich, der zumindest den Zustand der Echtzeitthreads anzeigen kann. Auf weitergehende Funktionen, wie prozessabhängige Haltepunkte wird man wohl noch eine Weile warten müssen.

6 Grafische Präsentation der Messwerte über das Netzwerk

Die Präsentation der Messwerte auf einem Client-Rechner soll ständig aktualisiert werden. Auf der Basis des Linux-Betriebssystems stehen dafür etliche Lösungswege zur Verfügung:

Der einfachste Weg ist die Verwendung von HTML-Seiten mit eingebetteten Grafiken, die in regelmäßigen Abständen aktualisiert werden. Für die Erstellung derartiger Grafiken sind entsprechende Pakete verfügbar, z. B. *gd* von Thomas Boutell [5]. Eine sehr flexible Lösung ist die Verwendung von *gnuplot* im Zusammenspiel mit einer Skriptsprache, z. B. *PHP*. Bei schnellen Aktualisierungsraten ist aber eine hohe Netzbandbreite notwendig. Außerdem sind Webbrowser nur über Skripte oder Meta-Befehle in der Lage, regelmäßig die aktuelle Grafik anzufordern. Eine flickerfreie Grafikdarstellung ist auf diesem einfachen Wege kaum möglich.

Eine andere Lösung ist die Verwendung eines Java-Applets auf dem Client-Rechner, welches nur die aktuellen Werte vom Gateway anfordert und daraus die entsprechenden Darstellungen vor Ort generiert. Diese Vorgehensweise schont die Ressourcen des Gateways; es muss nur die Applets speichern und den Datenserver betreiben. Allerdings muss ein zuverlässiges Datenübertragungsprotokoll definiert werden. Dabei kann je nach Komplexitätsgrad die verteilte Objekttechnologie (RMI oder Corba) hilfreich sein. Zu prüfen ist, inwieweit sich derartige Techniken auf einem eingebettetem System implementieren lassen.

Eine Lösung unabhängig vom Web kann direkt mittels X-Windows realisiert werden. Allerdings setzt das das Vorhandensein eines entsprechenden Servers auf dem Client voraus. Das Gateway muss die entsprechenden Grafiken generieren, die dann von X-Windows zum Client übertragen werden.

7 Grafische Benutzeroberflächen

In vielen Anwendungen ist die direkte Ansteuerung eines Grafikpanels zur Realisierung einer grafikfähigen Benutzerschnittstelle erforderlich. In eingebetteten Systemen werden häufig Touchpanels eingesetzt. Standardmäßig verwendet Linux das X-Windows-System. Es bietet eine Vielzahl von Treibern, u. a. auch für Touchpanels. Allerdings ist der Ressourcenbedarf sehr hoch. Für eine akzeptable Performanz sind mindestens 8 bis 16 MByte Speicher erforderlich. Für eingebettete Systeme ist das meist nicht akzeptabel.

Unter Linux stehen jedoch noch eine Reihe anderer Grafikpakete zur Verfügung, z. B. *The Microwindows Project* von Greg Haerr [6], *DinX* (DinX is not X) von Ben Williamson[7] oder *MiniGUI* von Wey Yongming[8]. Wesentliche Einschränkung dieser Systeme ist die Anzahl der verfügbaren Gerätetreiber (z. B. für Touchpanels) und die Unterstützung durch GUI-Builder.

8 Sicherheit und Zuverlässigkeit

Der Linux-Kernel auf PC-Hardware ist als ein zuverlässiges und stabiles Betriebssystem anerkannt. Trotzdem sind in vielen Echtzeitsystemen weitergehende Maßnahmen zur Verbesserung der Sicherheit und Zuverlässigkeit notwendig.

8.1 Software-Watchdog

Die in Linux implementierte Speicherverwaltung bietet einen guten Schutz vor unerlaubten Speicherzugriffen außerhalb des dem Prozess zugeordneten Adressbereiches. Im Gegensatz zu vielen Echtzeitbetriebssystemen kann so recht einfach mittels eines speziellen Überwachungsprozesses (Software-Watchdog) das Abstürzen von Anwendungsprozessen erkannt werden. Ein solcher Software-Watchdog kann dann gezielt versuchen, den nicht mehr funktionierenden Prozess neu zu starten oder das System in den sicheren Zustand zu überführen. Diese Aussagen gelten aber nicht für die Echtzeiterweiterungen und sonstigen Treibern. Diese benutzen den Adressraum des Kernels. Unerlaubte Speicherzugriffe können fatale Folgen haben und das gesamte System zum Absturz bringen. Derartige Fehler kann ein Software-Watchdog nicht erkennen.

8.2 Hardware-Watchdog

Um eine ausreichende Zuverlässigkeit eines Gerätes garantieren zu können, ist im allgemeinen ein Hardware-Watchdog notwendig. Hardware-Watchdogs werden üblicherweise mit retriggerbaren monostabilen Timern realisiert. Der Ausgang des Timers ist direkt mit der Resetleitung des Prozessors verbunden. Wenn die Anwendungssoftware nicht mehr regelmäßig den Timer zurücksetzt, läuft dieser ab und es wird ein Reset ausgelöst. Damit wird das Betriebssystem neu gestartet. Der Timer sollte von einem relevanten Teil der Anwendung bedient werden. Eine wesentliche Aufgabe des Hard-

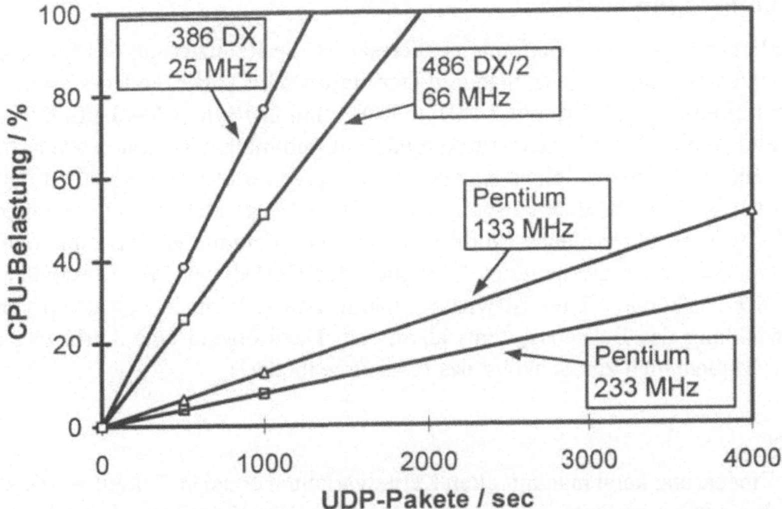

Abbildung 4: Ungewollte CPU-Belastungen durch Netzwerkaktivitäten

ware-Watchdogs ist die Absicherung des Software-Watchdogs.

Im Linux-Kernel ist die Unterstützung eines Watchdogs bereits integriert. Im einfachsten Fall kann eine Lösung genutzt werden, in der der Hardware-Watchdog per Software nachgebildet wurde. Dies kann natürlich keinen vollständigen Schutz bieten. Daneben werden spezielle Zusatzkarten für den PC unterstützt.

Die meisten Einplatinensysteme beinhalten bereits einen Hardware-Watchdog. Eine entsprechende Linux-Unterstützung ist in der Regel nicht vorhanden und muss im Kernel ergänzt werden. Die Erfahrung zeigt, dass das Design dieser Hardware-Watchdogs meist sehr einfach gehalten ist und höheren Anforderungen an die Zuverlässigkeit oft nicht gerecht wird.

8.3 Gefahren durch die Netzwerkschnittstelle

Netzwerkbasierte Systeme sind zusätzlichen Gefahren durch die Netzwerkschnittstelle ausgesetzt. Neben mutwilligen Angriffen muss ständig damit gerechnet werden, dass die Systeme durch fehlgeleitete Pakete beeinträchtigt werden. Im einfachsten Falle bewirken diese Pakete eine Reduzierung der CPU-Zeit. Dies demonstriert die Abbildung 3 für verschiedene CPU's. Die Belastung des Netzwerk erfolgte mittels einfacher beliebiger UDP-Pakete. Bereits bei 2000 Pakete pro Sekunde mit jeweils 100 Oktets Nutzdaten kann ein 486 basiertes System vollständig blockiert werden. Es ist anzumerken, dass die Echtzeiterweiterung von dieser Blockade nicht betroffen ist, lediglich die durchschnittliche Latenzzeit erhöht sich geringfügig.

Eine weitere Gefahr droht dadurch, dass bei den üblichen Systemeinstellungen für jedes fehlerhafte Paket ein Logbucheintrag generiert wird. Bei knappen Ressourcen kann so ebenfalls eine Blockierung des Systems erfolgen.

9 Implementierung

Ein wesentlicher Aspekt bei der Implementierung ist die Reduzierung des benötigten Speicherplatzes gegenüber einer Standarddistribution. Die vorliegenden Anwendungen sollten auf einer Hardware mit 4 MByte ROM und 8MByte RAM lauffähig sein. Es stehen eine Vielzahl von Linuxdistributionen mit minimalem Ressourcenbedarf zur Verfügung, die zum Teil von einer einzigen Diskette gestartet werden können. Diese Distributionen bilden eine gute Ausgangsbasis für die Implementierung des eigenen Systems. Es wurden nur einfache Modifikationen durchgeführt, so dass ohne hohem Änderungsaufwand stets die neuesten Versionen des Kernels und der Anwendungen eingesetzt werden können. Dies ist wichtig, damit man sich nicht von der rasanten Weiterentwicklung des Betriebssystems abkoppelt. Nachfolgend eine Auflistung der wichtigsten Maßnahmen zur Senkung des Ressourcenbedarfs.

9.1 Kernel

Eine hohe Einsparung kann man mit alten Kernelvarianten erzielen. Darauf wurde aber in diesem Projekt verzichtet, damit immer die aktuellste Kernelversion eingesetzt werden kann. Am Kernel wurden alle nicht benötigten Treiber und Filesysteme entfernt bzw. als nachladbare Module übersetzt. Darüber hinausgehende Maßnahmen wurden nicht durchgeführt. Es sind weitere Einsparungen denkbar, indem man z. B. die Anzahl der Terminaldevices oder der Festplattenschnittstellen senkt. Dies ist aber nur durch Modifikation der entsprechenden Headerdateien möglich.

9.2 Busybox

Mit der Anwendung *Busybox* steht ein Programm zur Verfügung, das viele Basisfunktionen des Linux-Betriebssystems übernehmen kann. Durch eine einzige ausführbare Datei werden über 80 unterschiedliche Programme ersetzt. Tabelle 1 zeigt die mögliche Einsparung des Speicherplatzes im Vergleich zu den Standardtools. Der Vergleich wurde mit den entsprechenden Programmen aus der Suse-Distribution 6.0 durchgeführt. Es ist aber anzumerken, dass *Busybox* keinen vollständigen Ersatz darstellt, da etliche Funktionalitäten nicht oder anders implementiert worden sind. Für den Einsatz in eingebetteten Systemen ist das Program aber hervorragend geeignet.

	Speicherbedarf
Busybox 0.43	**225 kBytes**
Summe vergleichbarer Programme aus Suse 6.0	**1.846 kBytes**

Tabelle 1: Speicherersparnis durch das Programm Busybox

	Speicherbedarf
Summe Bibliotheken Suse 6.0	4.021 kBytes
Summe Bibliotheken nach Entfernung der Debugsymbole	1.086 kBytes

Tabelle 2: Speicherbedarf für Laufzeitbibliotheken

9.3 Bibliotheken

Einen hohen Speicherbedarf benötigen die dynamischen Laufzeitbibliotheken. Tabelle 2 zeigt den Speicherplatzbedarf der für den Betrieb des Apache Webservers notwendigen Bibliotheken. In diesen sind normalerweise alle für die Fehlersuche notwendigen Debugsymbole enthalten. Darauf kann man aber in eingebetteten Systemen verzichten, insbesondere wenn ein Remote-Debugger einsetzt wird. Wie die Tabelle zeigt, kann dadurch erheblich Platz eingespart werden. Einige Distributionen gehen noch einen Schritt weiter und entfernen auch selten benötigte Funktionalitäten. Hierauf wurde jedoch verzichtet, da die Anwendungen hierfür meist speziell übersetzt werden müssen. Ohne diese Modifikationen hat man den Vorteil, dass über das Netzwerk beliebige Tools auf dem Zielsystem zur Ausführung gebracht werden können. Auf dynamische Bibliotheken vollständig zu verzichten und alle Anwendungen statisch zu linken bringt in der Summe meist keine großen Ersparnisse.

9.4 Webserver

Der Speicherplatzbedarf des Webservers hängt von den in ihm integrierten Zusatzmodulen ab. Zum Vergleich zeigt die Tabelle 3 den Bedarf für einen Server ohne und mit integrierter Skriptsprache (*PHP*).

9.5 Gesamter Bedarf

Mit den oben angeführten Modifikationen beträgt der Speicherbedarf für das Betriebssystem einschließlich der Systemtools, der Laufzeitbibliotheken und dem Webserver 3,5 MBytes. Damit kann die Anwendung in 4 MByte Flash-ROM unterbracht werden. Für die eigentliche Anwendung inklusive der zugehörigen Webseiten stehen dann noch bis zu 0,5 MBytes zur Verfügung.

	Speicherbedarf
Apache Web Server ohne PHP Skriptsprache	357 kBytes
Apache Web Server mit PHP Skriptsprache	1.223 kBytes

Tabelle 3: Speicherbedarf des Apache Webservers Version 1.3.3

10 Inbetriebnahme

Die Integrationsphase ist in einem Flash-basierten System recht aufwendig, da immer wieder das gesamte Flash neu programmiert werden muss. Ist ein Netzwerk vorhanden, ist die Verwendung eines NFS Netzwerklaufwerkes sehr vorteilhaft. Alle Dateien können auf dem Server verwaltet und komfortabel bearbeitet werden. Insbesondere können sie sehr einfach in ein Konfigurationsmanagement einbezogen werden.

11 Zusammenfassung

Die beiden beschriebenen Projekte haben bewiesen, dass Linux hervorragend in eingebetteten Systemen eingesetzt werden kann. Die hohe Flexibilität und Konfigurierbarkeit hat sich insbesondere an der Schnittstelle zwischen Echtzeitanwendungen und Business-Programmen als vorteilhaft erwiesen. Echtzeiterweiterungen ermöglichen die Implementierung von zeitkritischen Anwendungsteilen. Mit einfachen Modifikationen lassen sich die notwendigen Betriebssystemkomponenten von üblichen Distributionen gewinnen und in ROM-basierte Systeme integrieren. Durch die Verwendung schreibgeschützter Flash-Speicher und der Aktivierung des Hardware-Watchdogs kann eine ausreichende Zuverlässigkeit erzielt werden. Die Fehlersuche wird durch die Vielzahl der Werkzeuge und den verfügbaren Quelltexten erheblich vereinfacht.

Literatur

[1] Williams, J. R. : Embedding Linux in a Commercial Product. Linux Journal, Oktober 1999.

[2] Cyliax, I.: Embedded RT-Linux. Circuit Cellar, November 1998.

[3] Epplin, J.: Linux as an Embedded Operating System. Embedded Systems Programming, Oktober 1997.

[4] Wilshire, P.: Real Time Linux - Use and Applications. Real Time Linux Workshop, Wien 1999. http://www.thinkingnerds.com/projects/rtl-ws/presentations.html

[5] Boutell, T: A graphics library for fast image creation. http://www.boutell.com/gd/

[6] Haerr, G: The Microwindows Project. http://microwindows.censoft.com/

[7] Williamson, B: DinX (DinX is not X). http://dinx.sourceforge.net/

[8] Yongming, W: MiniGUI. http://minigui.aka.citf.net/index.html

[9] DDD. http://www.gnu.org/software/ddd/